NOS ZOUAVES

HISTORIQUE — ORGANISATIONS
FAITS D'ARMES — LES RÉGIMENTS
VIE INTIME

PAR

PAUL LAURENCIN

CENT ILLUSTRATIONS

PAR BEAUCÉ, EUGÈNE BELLANGÉ, HIPPOLYTE BELLANGÉ
BERNE-BELLECOUR, BOCOURT, CHARRIER
GASTON CLARIS, DETAILLE, D'OTÉMAR, PROTAIS
HORACE VERNET, YVON

PARIS

J. ROTHSCHILD

ÉDITEUR

13, Rue des Saints-Pères, 13

—

1888

PAUL LAURENCIN

Nos Zouaves

HISTORIQUE — ORGANISATIONS
FAITS D'ARMES — LES RÉGIMENTS — VIE INTIME

CENT ILLUSTRATIONS

PAR

BEAUCÉ, EUGÈNE BELLANGÉ, HIPPOLYTE BELLANGÉ
BERNE-BELLECOUR, BOCOURT, CHARRIER, GASTON CLARIS, DETAILLE
D'OTÉMAR, PROTAIS, HORACE VERNET, YVON

PARIS

J. ROTHSCHILD, ÉDITEUR

13, RUE DES SAINTS-PÈRES, 13

1888

Droits réservés

Imprimé pour J. Rothschild, Éditeur

PARIS

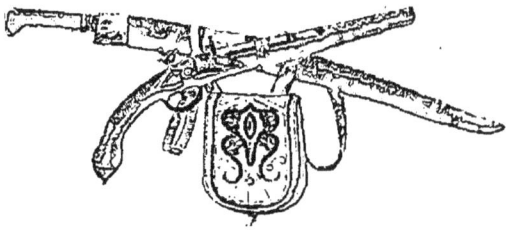

Par G. Fischbach, Imprimeur

STRASBOURG

NOS ZOUAVES

HISTORIQUE

FAITS D'ARMES — LES RÉGIMENTS — VIE INTIME

SOMMAIRES DES CHAPITRES

CHAP. I. — CONQUÊTE DE L'ALGÉRIE

Pages

Avant-propos. — Bataille de Staouëli. — La Tribu des Zouaoua. — Premières Constitutions des Zouaves. — Premiers Combats de Mouzaïa. — Dely-Ibrahim. — La Moricière. — Cavaignac et le Méchouar. — Les Zouaves à Bône. — Siège et Prise de Constantine 3

CHAP. II. — CONQUÊTE DE L'ALGÉRIE (SUITE)

L'Assaut du Téniah de Mouzaïa. — Le premier Drapeau des Zouaves. — Organisation des Zouaves en Régiment. — Campagnes contre Abd-el-Kader. — Le

	Pages
Chacal. — La *Casquette* du *Père Bugeaud*. — L'Isly. — Marche contre la Smalah d'Abd-el-Kader. — Chanzy. — La Revue du Grand-Duc. — Zaatcha. — Les Beni Améran. — La Victoire du Cinq pour Cent. — Division des Zouaves en trois Régiments. — Laghouat	25

CHAP. III. — ORGANISATION DES ZOUAVES

Le Costume des Zouaves. — Distinction entre les Régiments. — La Vie intérieure dans le Corps. — La *Tribu*. — Le Chef de Tribu. — Le Rôle de chacun dans la Tribu. — L'Organisation de la Tribu 59

CHAP. IV. — GUERRE DE CRIMÉE

Doutes de quelques Généraux. — La Dobrutscha. — Le Passage de l'Alma. — Escalade du Plateau. — Saint-Arnaud et les Zouaves. — Canrobert et la Prise du Télégraphe. — Salut suprême au Vainqueur. — La Maison des Zouaves. — Inkerman. — Bosquet et le 3e de Zouaves. — L'Abattoir. — Francs-tireurs et Éclaireurs. — Le Combat de Nuit du 22-23 Février. — Le Mamelon-Vert 71

CHAP. V. — GUERRE DE CRIMÉE

Les Zouaves au Camp. — Le Théâtre des Zouaves. — Le 18 juin !.. — Les Zouaves de la Garde impériale. — Traktir. — Le 2e de Zouaves au Pont de Traktir. — L'Assaut de Malakoff. — Colonel Collineau. — La Réserve inébranlable. — Le Triomphe 103

CHAP. VI. — L'EXPÉDITION DE KABYLIE

Les Kabyles. — Campagne de 1856. — Combat contre les *Zouaoua*. — Reconnaissance du Djurjura. — Combat d'Ighil Guefri. — Soumission puis Révolte des Kabyles. — Le Fort Napoléon. — Combat d'Ichériden. — Conquête définitive de la grande Kabylie 127

CHAP. VII. — CAMPAGNE D'ITALIE

Départ pour l'Italie. — Répartition des Régiments. — Le 3ᵉ de Zouaves à Palestro. — L'*Incomparable*. — Victor Emmanuel, Caporal de Zouaves. — Les Zouaves de la Garde à Magenta. — Mort du général Espinasse. — Le Drapeau du 2ᵉ de Zouaves est décoré. — Le 1ᵉʳ de Zouaves à Marignan. — Attaque de la Barricade et du Cimetière. — Mort de Paulze d'Ivoy. — Solférino. — Attaque du Cimetière. — Les Zouaves du 3ᵉ Régiment. — Les Zouaves de la Garde impériale. — Le Drapeau du 1ᵉʳ de Zouaves couronné par les Dames de Gênes. 137

CHAP. VIII. — AU MEXIQUE

Premier envoi au Mexique de quelques compagnies de Zouaves. — Premier Siège de Puebla. — La Retraite. — Les deux premiers Régiments de Zouaves partent pour le Mexique. — Deuxième Siège de Puebla. — Assaut et Prise du Fort de San Xavier. — Attaque d'un Quadre. — Attaque du Couvent de Santa-Anna. — Générosité d'Ortéga. — Combat de San Lorenzo. — Prise de Puebla. — Marche sur Mexico. — Guerre de Guérillas. — L'Héroïsme d'Estanzuela. — Mort du Colonel Martin. — Rentrée à Durango. — Bataille de Jijilpam. — Dévouement du Colonel Tourre. — Retour en France. 163

CHAP. IX. — LES ZOUAVES PENDANT LA GUERRE CONTRE L'ALLEMAGNE

Les Zouaves à l'Armée du Rhin. — Bataille de Reichshoffen. — Solide résistance des Zouaves. — Effort suprême de concert avec les Cuirassiers. — La Retraite sur Châlons. — Reconstitution des Régiments. — Sedan. — Le Faubourg de Balan. — Bazeilles. — Le Drapeau du 1er de Zouaves. — La Captivité 189

CHAP. X. — LES ZOUAVES DE MARCHE

On reforme des Zouaves. — Un quatrième Régiment de Zouaves et quatre Régiments de Marche. — Combat d'Arthenay. — Bataille de Beaune-la-Rolande. — Héroïsme du 3e de Zouaves de Marche. — Attaque de Chagey. — Héricourt. — Retraite du 4e Régiment de Marche de Zouaves. — Le 4e de Zouaves à Paris. — Bataille de Montretout 207

CHAP. XI. — LES ZOUAVES DEPUIS LA GUERRE

Révolte en Algérie. — Formations provisoires de Compagnies de Zouaves. — Colonnes expéditionnaires. — Combat de l'Oued-souf. — Assaut du Plateau de Metaoua. — Expédition de Dra-el-Mizan. — Expédition dans la grande Kabylie. — Le Fort national. — Reconstitutions successives des Régiments. — Les Drapeaux. — La Promenade militaire. — La Tunisie. — Épilogue. 229

Appendice 247

Table alphabétique des Noms et des Matières 257

NOS ZOUAVES

NOS ZOUAVES

CHAPITRE Ier

CONQUÊTE DE L'ALGÉRIE

Avant-propos. — Bataille de Staouëli. — La tribu des Zouaoua. — Premières constitutions des Zouaves. — Premiers combats de Mouzaïa. — Dely-Ibrahim. — La Moricière. — Cavaignac et le Méchouar. — Les Zouaves à Bône. — Siège et prise de Constantine.

La force d'une nation dépend de la valeur de son

armée, et l'un des facteurs principaux de cette valeur, c'est l'esprit de corps.

L'esprit de corps s'entretient par les traditions, par l'héritage d'honneur et de gloire transmis et accru d'âge en âge.

Si la Révolution, en faisant disparaître, sous un niveau égalitaire, les institutions de l'ancienne armée française, avait jeté dans l'oubli les souvenirs des vieux corps de la monarchie, du moins eut-elle pour y suppléer cet élan d'une génération que l'idée de l'émancipation conquise exaltait jusqu'à l'enthousiasme.

De nos jours, il n'y a plus de barrières sociales à renverser, partant plus de ces emportements patriotiques des temps de jeunesse de la liberté. Plus qu'autrefois, par conséquent, faut-il respecter tous les éléments de l'esprit de corps, émanation de l'antique esprit chevaleresque, et, loin de détruire ou même d'affaiblir cette unité familiale que l'on appelle le *régiment*, faut-il l'assurer et la fortifier.

Cette unité doit être comme une individualité persistant à travers les âges, constante dans sa forme comme dans son aspect, facile à suivre dans ses annales par les hommes du passé qui l'ont illustrée, par les hommes du présent qui ambitionnent de porter son renom plus haut encore.

Les zouaves constituent dans l'armée française une de ces familles au sein desquelles l'exemple d'un passé glorieux entretient une émulation toujours jeune et toujours vigoureuse. Leur histoire montre ce que peut enfanter l'esprit de corps, ce que donnent les hommes de notre pays en force, en courage, en intelligence, en dévouement quand on sait faire agir au profit de l'honneur et de la sécurité de la patrie leurs qualités, leurs impressions, même leurs défauts.

Les zouaves ne sont pas une imitation de quelque corps de troupes étrangères : ils sont une émanation de la nation, une synthèse de ses aptitudes militaires. C'est ce qui explique leur valeur réelle comme troupes, c'est ce qui les défend et les défendra contre tout projet ou contre toute tentative de licenciement.

e 4 juillet 1830, la bataille de Staouëli suivie de la prise du fort de l'Empereur livrait à une armée française Alger, l'antique métropole des pirates barbaresques. Si la première pensée avait été uniquement d'infliger au dey d'Alger un châtiment sévère, le succès vint en aide à la réflexion pour conseiller de garder, à titre définitif, une conquête dont l'Europe, et surtout l'Angleterre, souhaitait le délaissement.

La résolution prise, on crut que dans un pays à demi organisé comme l'était la régence d'Alger, on trouverait parmi les anciens tributaires du dey une partie des éléments nécessaires pour maintenir l'ordre dans la population indigène, et surtout pour faire rentrer les impôts dont le gouvernement français entendait hériter.

De cette pensée naquirent les zouaves, les successeurs en quelque sorte des troupes algériennes.

Pour assurer leur autorité sur les tribus vassales, pour protéger les collecteurs de leurs revenus, les deys d'Alger avaient pris à leur solde des troupes mercenaires kabyles appartenant, pour la plupart, à la tribu des *Zouaoua*, confinée dans l'une des gorges des monts Djurjurah. Pauvres, braves et fidèles, ces Zouaoua, excellents fantassins d'ailleurs, se mettaient, comme jadis les Suisses, à la disposition de qui leur offrait une solde. Lorsque les Français devinrent maîtres du territoire d'Alger, les troupes mercenaires deylicales se trouvèrent licenciées.

La situation des Français vis-à-vis des nomades du désert se trouvant absolument la même que celle des anciens Turcs dépossédés, le général Clauzel pensa qu'il fallait modifier le moins possible les procédés de gouvernement auxquels s'étaient habitués ces nomades; aussi résolut-il de suivre l'exemple des Turcs en prenant à la solde de France les anciens mercenaires indigènes, ces mêmes hommes qui avaient servi Hussein dey.

Constitués dès le mois de septembre 1830, par arrêté du gouverneur que vint confirmer une ordonnance royale du 31 mars 1831, le premier corps de zouaves comprit deux bataillons, de même composition et de même effectif que les bataillons des régiments d'infanterie de ligne, c'est-à-dire composés d'un état-major, de huit compagnies comptant chacune trois officiers et cent onze sous-officiers, caporaux et soldats. Chaque bataillon comprit donc vingt-neuf officiers, huit cent quatre-vingt-onze sous-officiers, caporaux et soldats et huit enfants de troupe.

Les officiers furent des Français jeunes, ardents,

La Trappe de Staouëli.

résolus, qui presque tous devaient s'illustrer et devenir les généraux Levaillant, Vergé, Mollière, La Moricière, Cavaignac, Leflô, Cler, Ladmirault, Bourbaki, de Lourmel, Canrobert, etc.

On mêla aux indigènes quelques Français afin d'assurer la sécurité des officiers. Pour la plupart, ces premiers zouaves français étaient des Parisiens, anciens combattants de Juillet, envoyés en Afrique après le licenciement des compagnies qui s'étaient formées pour repousser l'armée de Charles X, si elle avait attaqué. Singuliers éléments que ceux-là! Têtes chaudes, cerveaux exaltés, braves et audacieux jusqu'à la témérité, ces enfants de Paris devinrent en peu de temps des soldats admirables par leur esprit de corps, par leur discipline, par leur génie inventif, surtout par le dévouement à leurs officiers.

Le commandement du premier bataillon fut donné à M. Maumet; celui du second à M. Duvivier.

Au mois de novembre 1830, c'est-à-dire quand il était à peine sorti de la période de formation, même avant d'être officiellement reconnu, le

Officier en Tenue de Campagne.

nouveau corps, partie d'une colonne que commandait

le général Clauzel, franchissait pour la première fois le col de Mouzaïa et arrivait à Médéah. C'est là qu'il reçut le baptême du feu et le 27 novembre que tomba Panicot, le premier zouave mort au champ d'honneur. Au retour de l'expédition de Médéah, le corps était réorganisé. Le premier bataillon fut exclusivement composé de Français, le second d'indigènes. Toutefois le cadre de ce dernier resta français.

A partir de cette époque, les zouaves commencent à jouer, dans le drame souvent tragique des guerres d'Afrique, un rôle prépondérant. En mai 1831, au passage du col de Mouzaïa, enlevés par le commandant Duvivier et le capitaine La Moricière, ils dégageaient l'arrière-garde de la colonne Berthezène, au moment où elle venait de perdre un canon et quand le drapeau du 20ᵉ régiment d'infanterie de ligne allait tomber aux mains des Arabes.

La ville de Bône, fréquemment attaquée et rançonnée par les tribus nomades qui l'entouraient, avait demandé au gouverneur de l'Algérie une garnison française. Le 14 septembre 1831, le capitaine Bigot et cent vingt-cinq zouaves débarquaient dans cette ville. Ils y étaient à peine installés que soit guet-apens, soit abandon des habitants, le détachement attaqué à l'improviste ne pouvait résister au flot des assaillants. Son capitaine et la plus grande partie des hommes succombèrent sous le nombre; les autres, cernés, demeurèrent prisonniers. Ceux-ci furent rendus, la ville se soumit et devint française quand arriva le commandant Duvivier à la tête d'un détachement double du premier. Ce drame obscur de l'écrasement d'un détachement de zouaves passa à peu près inaperçu en France dans le bruit des assourdissantes et stériles discussions parlementaires, et, en Afrique, il fut bientôt oublié, car dans le cours de l'année 1832, pendant leurs courses et leurs expéditions sans cesse renouvelées, les zouaves n'eurent à enregistrer que des succès.

Le 7 mars 1833, nouvelle réorganisation.

Une ordonnance royale réunit les deux bataillons en un seul à dix compagnies, dont deux françaises, et règle que, dans l'effectif des huit compagnies indigènes, il y aura douze Français.

Peu à peu, le corps des zouaves, d'abord exclusivement indigène, s'était mélangé de Français, puis ceux-ci dominèrent dans les rangs; enfin le bataillon devint un corps de troupe exclusivement français, quand une nouvelle ordonnance eut créé les tirailleurs indigènes, plus communément appelés *turcos*.

Pendant la première année de leur existence, les zouaves avaient été cantonnés sur divers points du territoire : à partir de 1832, le monticule sablonneux de Dely Ibrahim leur fut assigné comme cantonnement.

Là tout manquait: l'eau, la verdure, les abris. En 1833, sans aucune aide, les zouaves se mirent à l'œuvre et,

Général de La Moricière (1806-1865), d'après un Portrait fait en 1863.

pendant les intervalles de liberté que leur laissaient les expéditions militaires, les razzias, le châtiment des tribus rebelles, la poursuite des maraudeurs et des voleurs, la protection des récoltes, ils quittaient le fusil pour devenir terrassiers et maçons, charpentiers,

Assaut de Mouzaïa. — Horace Vernet. — (Galerie de Versailles.)

menuisiers et jardiniers. En peu de temps, ils eurent entouré leur camp d'une bonne enceinte défensive et les officiers comme les soldats logèrent sous d'élégants et frais gourbis entourés de jardins.

Le 1er janvier 1834, arrivait à la tête du bataillon de zouaves le commandant La Moricière, brillant officier, en qui, durant plusieurs années, le corps devait se personnifier, qui devait parfaire son organisation et en même temps le défendre contre ses détracteurs.

La Moricière, dès qu'il arriva aux zouaves, devint l'idole de ses soldats. A peine en possession de son commandement, il pourchasse les Arabes et châtie les tribus agressives. Celles-ci apprirent à redouter *Bou Checchia*, ainsi appelaient-elles La Moricière à cause du fez qu'il portait au lieu du képi réglementaire, et *Bou Araoua* ou le père au Bâton, à cause de sa promptitude à punir toute révolte. Pendant les années 1834 et 1835, c'est surtout contre les Hadjoutes, valeureuse tribu arabe, que durent agir les zouaves, et c'est pendant un combat livré en 1835 que La Moricière enleva du milieu d'un groupe d'ennemis le jeune sous-lieutenant Bro, fils du général qui commandait la colonne.

Au printemps de 1836, La Moricière était nommé lieutenant-colonel du corps des zouaves dédoublé en deux bataillons. Avec un tel chef, les zouaves devaient aller et ils allèrent partout, suivant l'expression du général Rapatel, et si brillante fut leur conduite dans toutes les expéditions dont ils firent partie que l'expression de « brave comme zouave » devint proverbiale dans l'armée française. En mars 1836, ils livraient les combats du col de Mouzaïa, que le pinceau d'Horace Vernet a rendus célèbres. La même année six cents zouaves, sous les ordres du major Cuny, enlevaient d'assaut le marabout de Sidi-Labchi, que défendaient deux mille Arabes.

Sergent-major en Tenue de Campagne.

Pendant l'un de ces combats autour du marabout de Sidi-Labchi, Bugeaud, gouverneur général de l'Algérie, est entouré par une nuée de Kabyles. Il prend en per-

Général Renault (1807-1870).

sonne le commandement du bataillon de zouaves et, saisissant un clairon, les entraîne en sonnant lui-même la charge.

Une troupe de volontaires, placée sous le commandement du capitaine du génie Cavaignac, avait longtemps défendu le Méchouar ou citadelle de Tlemcen contre les attaques tous les jours renouvelées de forces nombreuses, sans jamais vouloir admettre la possibilité d'une capitulation. Quand la ville fut délivrée, cette poignée de héros devint le noyau du 3ᵉ bataillon de zouaves.

Les zouaves n'avaient pas fait partie de la première expédition de Constantine, mais ils coopérèrent largement à la seconde.

Un bataillon de marche composé de cinq cent vingt-quatre zouaves, sous-officiers et soldats commandés par vingt officiers et placés sous les ordres du lieutenant-colonel La Moricière, s'embarque à Alger, le 31 août 1837, arrive huit jours après au confluent des deux rivières qui forment la Seybouse, à mi-chemin de la côte et de Constantine. Le 12 septembre, les zouaves, lancés en éclaireurs, dispersent des groupes arabes qui cherchent à découvrir ce qui se passe dans le camp français. Le 23, sur le plateau de Mansourah, ils ont encore à repousser les charges furieuses des cavaliers d'Achmet, bey de Constantine, et enfin le 25 octobre ils sont en vue de l'ancienne Cirta.

« Si tu manques de poudre, avait répondu Achmet bey à la sommation du général Damrémont, nous t'en fournirons ; si tu n'as pas de pain, nous t'en donnerons ; mais tant qu'un vrai musulman restera debout dans Constantine, tu n'y entreras pas. »

C'étaient là de fières paroles, auxquelles les zouaves devaient donner un terrible démenti. Pendant les préliminaires de l'attaque, et pendant la canonnade, ils avaient, sous une pluie diluvienne qui changeait la terre en boue liquide, coopéré à tous les travaux, accepté les missions les plus dangereuses, démonté et remis en batterie de lourdes pièces tombées dans un ravin ; le jour de l'assaut, ils tinrent la parole que leur colonel avait engagée au général en chef : « Si la moitié de vos hommes tombent sur la brèche, les autres tiendront-ils ? » — « J'en réponds, avait dit La Moricière. »

Le 31 octobre 1837, le capitaine de Gardarens de Boisse, du corps des zouaves, avait reconnu la brèche et, à sept heures, la première colonne d'assaut, composée de trois cents zouaves, de quarante sapeurs du génie et de deux compagnies du 2ᵉ régiment d'infanterie légère, se lançait sur la brèche que venait d'ouvrir l'artillerie.

Au sommet de la position attaquée flotte un grand pavillon rouge qu'enlève le capitaine Leflô et que remplace par le drapeau tricolore le capitaine de Gardarens qui aussitôt est blessé grièvement. Marchant à son tour, La Moricière arrivait sur le rempart après avoir repoussé les défenseurs et maîtrisé la résistance.

Il désignait aux soldats le point sur lequel devaient s'appuyer les échelles d'escalade, lorsque sur un avis qui lui est donné, il se retourne, court vers une poterne donnant accès dans une rue de la ville. Là, sous

Général Cavaignac (1802-1857).

le feu extrêmement vif des défenseurs, la poterne est enfoncée, mais le capitaine Desvoisins et nombre de soldats sont frappés; on essaie de refermer la porte pour donner aux troupes le temps de se reconnaître, lorsqu'une explosion formidable secoue les murailles, les ébranle, les renverse sur le sol entr'ouvert. Le

Assaut de Constantine. — Horace Vernet. — (Galerie de Versailles.)

brillant chef reçoit cette avalanche de pierres et de terre et reste avec tous ses soldats ensevelis sous une montagne de débris.

Surprise, mais à peine ébranlée, la deuxième colonne se lance à son tour, pénètre dans la cité, assiège sous un feu meurtrier chaque maison devenue forteresse, ouvre le chemin à l'armée, et Constantine est désormais française.

L'assaut de Constantine coûtait bien cher aux zouaves.

Trois officiers avaient été tués; leur chef retiré à grand'peine de dessous les décombres était blessé et à demi aveugle; les capitaines de Gardarens, Levaillant et six officiers gravement atteints; enfin cent trente-six sous-officiers et soldats étaient hors de combat.

Le soir de ce jour de triomphe, le général Valée, qui avait pris le commandement de l'armée après la mort du général Damrémont, gouverneur de l'Algérie, tué le 12 octobre d'un coup de canon, faisait porter sur le lit de La Moricière, comme un trophée dû à la valeur de ses soldats, le grand étendard rouge d'Achmet bey, conquis sur la brèche. Cet étendard fut envoyé par La Moricière au château de Clisson où demeurait sa mère.

L'attaque de Mouzaïa avait été le salut d'entrée des zouaves dans l'armée, l'assaut de Constantine leur valut dans le pays cette popularité qui n'a fait que grandir et que n'ont pu diminuer leurs malheurs pendant la guerre contre l'Allemagne. Le pinceau d'Horace Vernet se plût à les montrer au premier plan dans les phases diverses du siège.

Pendant cet épisode, l'un des plus sanglants et des plus glorieux de la guerre d'Afrique, les zouaves avaient sacrifié le tiers de leur effectif; mais s'ils avaient été à la peine, ils furent à l'honneur: bon nombre d'entre eux virent leurs noms cités à l'ordre de l'armée et, parmi eux, leur chef, le brillant colonel La Moricière, le capitaine Levaillant, l'intrépide Gardarens qui avait planté le drapeau du régiment sur la brèche de Constantine; le sergent Courtois et un caporal portant le nom bizarre de Quatrehommes.

CHAPITRE II

CONQUÊTE DE L'ALGÉRIE (Suite).

L'Assaut du Téniah de Mouzaïa. — Le premier drapeau des Zouaves. — Organisation des Zouaves en régiments. — Campagnes contre Abd-el-Kader. — Le *Chacal*. — La *Casquette* du *père Bugeaud*. — L'Isly. — Marche célèbre contre la Smalah d'Abd-el-Kader. — Chanzy. — La Revue du Grand-Duc. — Zaatcha. — Les Beni Améran. — La Victoire du Cinq pour Cent. — Division des Zouaves en trois régiments. — Laghouat.

APRÈS la chute de Constantine, la ville sainte, qui pour l'armée d'Afrique marqua un temps de repos, la guerre d'escarmouches et de détail, de razzias et de répression de révoltes que, de 1837 à 1840, les zouaves soutinrent presque seuls, ne s'arrêta pas un seul instant.

A partir de 1840, la guerre générale reprend plus vive que par le passé, conduite, du côté des Arabes, par un chef qui devait bientôt devenir célèbre.

Sous l'impulsion de ce personnage, l'émir Abd-el-Kader, qu'Arabes et Kabyles vénéraient comme un saint, la plupart des zouaves indigènes avaient déserté le drapeau français pour se remettre sous l'étendard

Mort de Bou-Zian.

musulman. Abd-el-Kader en avait fait les instructeurs et les officiers de son armée. Cet homme, qui nous haïssait alors, avait su organiser à l'européenne les guerriers arabes si réfractaires à toute discipline, et il en avait formé un corps de troupe à pied à peu près régulier que, pour cette raison, on appela *les Réguliers d'Abd-el-Kader,* comme la couleur de leur burnous avait fait donner à ses cavaliers le nom de *Rouges*.

Heureusement que ces désertions n'affaiblirent pas le corps des zouaves qui se trouva bientôt reporté au grand complet par l'affluence des volontaires, la plupart jeunes d'âge, mais déjà soldats vieux et aguerris. Grâce à ces incorporations, les bataillons acquirent d'autant plus de solidité que l'élément français domina dès lors sans mélange.

En mars 1840, les zouaves prenaient possession de Cherchell, qu'ils devaient immédiatement défendre contre les attaques incessantes de l'infatigable Abd-el-Kader. Quelle que fût cependant la vivacité de ses assauts, partout l'ennemi rencontrait cet adversaire qu'il avait appris à connaître et à redouter, et qui semblait se multiplier tant était rapide et imprévue son arrivée sur le lieu du combat, que ce fût à l'Affroun, sur les bords de la Chiffa ou sur les pentes des monts Aurès.

Le 20 mai 1840, les zouaves arrivaient de nouveau au Téniah de Mouzaïa; cette fois, ce n'était plus des mamelons qu'il fallait escalader, mais ce qu'il fallait aborder et enlever d'assaut, c'étaient des redoutes établies et défendues par d'anciens zouaves, suivant les méthodes européennes. Un premier ouvrage avait été emporté, un second venait de subir le même sort, malgré une résistance savamment ordonnée, quand La Moricière et ses zouaves arrivent à l'entrée d'une gorge que dominent de hauts rochers taillés à pic, du sommet desquels les réguliers font pleuvoir sur nos

Général Leflô (1804).

troupes une grêle de balles et en même temps rouler d'énormes quartiers de roc. Les plus braves auraient pu reculer sans honte, mais reculer ou même hésiter, c'était faire courir à la colonne, dont les zouaves formaient l'avant-garde, le danger d'un désastre complet. La Moricière met l'épée à la main et, de la voix comme de l'exemple, il enflamme ses soldats. L'ardeur qui l'anime se communique aux zouaves. Ils mettent le fusil en bandoulière et, des pieds, des ongles et des dents, ils gravissent les rochers sans regarder derrière eux, sans se préoccuper de l'abîme qui se creuse sous eux, sans voir qui, lâchant prise ou frappé d'une balle, rebondit de pointe en pointe pour tomber meurtri au fond des précipices. Beaucoup furent victimes de leur audace, mais assez arrivèrent au sommet pour s'élancer et culbuter l'ennemi frappé d'une terreur superstitieuse.

Faut-il s'étonner de tels actes de valeur quand les capitaines qui commandaient alors les zouaves s'appelaient Renault, Ladmirault, Leflô, Blaise, de Barral, etc.?

Au moment d'attaquer une redoute, le capitaine Gauthrin est blessé à la main; il se fait amputer tout en restant à la tête de sa compagnie. Le jeune adjudant Giovanelli reçoit avis de sa nomination de sous-lieutenant et son colonel lui donne une section à commander. Il enflamme sa troupe par son exemple et succombe bravement à Mouzaïa. Le lendemain même de ce combat, si bien rendu par le pinceau de Bellangé, fut commencé, sous la protection d'un bataillon de zouaves, la route de Médéah qui devait conduire les colonnes françaises au cœur du pays montagneux.

Lorsque nos deux colonnes s'avancèrent du littoral

vers l'intérieur, ce furent encore les zouaves qui leur frayèrent la route. Sans cesse en expéditions, ils payèrent d'une existence chaque parcelle du territoire acquis à la France. Pendant la première course de ravitaillement de Milianah, un millier de zouaves eurent à combattre quatre mille réguliers et quinze cents cavaliers ; ils luttèrent sans défaillance, mais perdirent quatre-vingt-treize officiers et soldats. Une autre expépédition vers la même ville leur coûtait soixante-quatre tués et blessés.

Trop souvent, le climat fut pour nos ennemis un puissant auxiliaire. Il eut peu de prise sur les zouaves, toujours alertes, toujours féconds en ressources, vrais soldats philosophes que rien n'étonnait ni ne surprenait. Tour à tour, chasseurs ou pêcheurs, ils savaient trouver de l'eau fraîche et des vivres en plein désert; découvrir les silos où l'Arabe cache son grain, ses volailles, ses jarres d'huile, ses galettes de couscoussou. Quelque habile et rusé qu'il fût à dissimuler sa famille, sa personne ou ses biens, l'Arabe était toujours dépassé en sagacité, en finesse, en bonheur, par le zouave.

Ces aubaines, il les partageait fraternellement avec ses frères d'armes moins avisés ou moins heureux, et souvent les malades, comme les blessés, furent réconfortés par les singulières trouvailles que faisaient les zouaves, dans les immenses poches de leur culotte à la turque, cachettes profondes fermées à l'œil pourtant indulgent de leurs chefs.

C'est au retour de l'une de ces expéditions, de ravitaillement de Milianah, celle de 1840, que La Moricière était nommé général de brigade et remplacé par le lieutenant-colonel Cavaignac, nommé colonel.

Sous les ordres de ce nouveau chef, ardent et résolu, lui aussi, les zouaves, que commande le chef de bataillon Leflô, se distinguent au combat de Kara-Mustapha, le 18 septembre 1840, combat livré pendant une de ces expéditions sans cesse renouvelées dites de ravitaillement de Milianah, expéditions qui, à l'aller, comme au retour, n'étaient que des séries de combats de jour et de surprises de nuit, souvent coûtant bien cher aux zouaves.

Parmi les martyrs des premiers temps de cette conquête algérienne si pénible, si laborieuse, si dure, il faut rappeler le jeune sous-lieutenant d'Harcourt, héritier d'un grand nom, tué le 10 novembre 1840, et le lieutenant Ouzaneau, officier brave entre tous, cité à l'ordre de l'armée et qui périt pendant une razzia chez les Oujera. Son nom est resté à un plateau des environs de Médéah.

Au mois d'avril 1841, l'ordre était donné aux zouaves de quitter Médéah, dont ils constituaient une partie de la garnison depuis le mois de décembre précédent, pour faire partie d'une colonne expéditionnaire. Ils étaient campés en vue de Blidah, lorsque tambours et clairons annoncèrent le gouverneur général.

Les troupes formèrent le carré pour recevoir le drapeau que, l'année précédente, à la suite d'une brillante affaire au col de Mouzaïa, leur avait promis le duc d'Orléans, témoin de leur brillante valeur.

« Ce drapeau, comme le gouverneur général Bugeaud le dit aux zouaves, devait être pour eux la récompense de onze années de combats et de souffrances, la personnification de la patrie, le clocher du village, le talisman de la victoire... »

Pour les zouaves, sa remise n'était pas seulement une récompense et l'accomplissement d'une royale promesse, c'était en quelque sorte la reconnaissance officielle. Jusqu'alors on les avait considérés comme un corps de formation provisoire, devant disparaître avec les circonstances qui l'avaient fait naître. Certaines personnalités militaires, haut placées, qui ne les connaissaient pas, n'étaient guère éloignées de les considérer comme un corps d'enfants perdus, si ce n'est même, étrange erreur, comme un corps disciplinaire... Aussi, est-ce à peine si le budget de la guerre les mentionnait ; pour les bureaux, le corps des zouaves était une cause accidentelle et temporaire de dépenses, non une

Le Teniah de Mouzaïa. — Hippolyte Bellangé. — (Galerie de Versailles.)

troupe classée d'une manière définitive dans la nomenclature des *parties prenantes* régulières. Cette pensée avait peut-être été celle du fondateur des zouaves, le général Clausel, mais depuis leur constitution, les zouaves, par leur bravoure, leur discipline, leur dévouement à la patrie et à leurs chefs, leurs qualités militaires si françaises, à la fois solides et brillantes, avaient conquis dans l'armée une place si large que penser à les supprimer était devenu impossible.

C'est le 2 mai 1841, pendant un combat sous Milianah, que le drapeau des zouaves fut, pour la première fois, sorti de son étui. Les zouaves attaquaient les réguliers d'Abd-el-Kader.

Alors, raconte le capitaine Blanc, un hourrah énergique et prolongé salua l'emblême de la patrie, le sous-lieutenant Rozier de Linage, qui avait l'honneur de le porter, s'avança crânement d'une vingtaine de pas et resta immobile, face à l'ennemi, assez de temps pour essuyer une volée de balles dont aucune ne l'atteignit.

Lorsque au commencement de 1842, les zouaves, de retour d'une longue expédition, se retrouvèrent à Alger, ils apprirent qu'une ordonnance royale datée du 8 septembre 1841 les avait licenciés. Mais, en même temps, cette ordonnance les reformait en régiment à trois bataillons de neuf compagnies, ce qui lui donnait un effectif de guerre de plus de quatre mille hommes.

Le premier bataillon eut pour chef le commandant Saint-Arnaud, le futur vainqueur de l'Alma, et partit pour Blidah. Le second, sous les ordres du commandant d'Autemarre d'Ervillé, alla à Tlemcen, menacé par Abd-el-Kader; le troisième, avec le chef de bataillon Frémy, s'embarqua pour Bône. Quelque temps après, le commandant Saint-Arnaud, nommé lieutenant-colonel du 53e régiment d'infanterie de ligne, laissait le commandement de son bataillon au capitaine de Gardarens, l'un des héros de Constantine.

Le 20 mars, le nouveau régiment rassemblé tout entier sur la place Bab-el-Oued d'Alger, équipé, armé, sur le pied de campagne et commandé par le colonel Cavaignac, passait la revue du général Bugeaud.

Comme les bataillons, ses devanciers, le nouveau régiment connut rarement le repos. Sans cesse en expédition, guerroyant toujours, il ne cessa d'affirmer et d'assurer la conquête. En mai 1842, pendant une expédition que dirigeait le général Randon, deux cents zouaves, sous les ordres du chef de bataillon Frémy, sont surpris et cernés par un millier de réguliers et cinq cents cavaliers d'Abd-el-Kader.

Ceux qui sont assaillis les premiers succombent, et bientôt leurs têtes pendent sanglantes à la selle des cavaliers arabes. Trois heures durant ce noyau d'hommes, formé en carré, sut repousser tous les assauts et déjouer toutes les ruses, jusqu'au moment où un régiment de ligne vint les dégager. Les zouaves, qui avaient contracté une dette envers la troupe de ligne, s'acquittèrent, au mois de février 1843, comme en rendit témoignage un ordre du jour du colonel de Saint-Arnaud remerciant chaleureusement les zouaves d'avoir sauvé son régiment, le 53e d'infanterie de ligne.

Au corps des zouaves, officiers, sous-officiers et soldats, profondément dévoués à leurs chefs, eussent regardé comme une tache indélébile pour le drapeau l'abandon de l'un d'eux, vivant ou mort, aux mains de l'ennemi.

Au combat d'Ouarez-Eddin, véritable bataille reprise pendant trois jours de suite, le sous-lieutenant Dodille tombe mortellement frappé, et son corps reste entre les deux partis. Les Arabes veulent s'en emparer pour le décapiter, mais la compagnie tout entière, enflammée de colère, oublie toute prudence et s'élance en avant. Elle prend, perd, reprend le corps du malheureux jeune homme, qu'elle parvient enfin à relever pour lui donner une honorable sépulture.

Si, en plein jour, à la face du soleil, le zouave était la personnification de la brillante furie française, il savait, la nuit, se montrer plus rusé, plus patient, plus silencieux que le plus fin voleur du désert. Ainsi que le chacal, il semblait se mouvoir la nuit plus facilement que le jour, de là le surnom que lui donnèrent ses ennemis, surnom qu'il accepta, dont il se glorifia au point que le surnom de *chacal* devint bientôt synonyme de zouave.

Lorsque tout reposait au camp, un feu allumé, ou plutôt à demi-éteint, semblait indiquer la présence d'un groupe de Français. L'ennemi, maraudeur ou régulier, se jetait dans le bois ou se coulait dans les hautes herbes avec l'espérance de surprendre les dormeurs : mais, couché à plat ventre dans les broussailles, l'œil fixe, le doigt sur la détente de sa carabine, le zouave en sentinelle se relevait d'un bond et d'un coup de crosse ou de baïonnette, sans cris, sans bruit, abattait le nocturne visiteur.

Une nuit, cependant, la vigilance des zouaves se trouva déjouée ; les chacals trouvèrent leurs maîtres.

Prévenus et guidés par d'habiles espions, les réguliers d'Abd-el-Kader ayant réussi à échapper aux premières lignes de sentinelles, pénétrèrent dans un campement français, massacrèrent qui, à moitié endormi, essaya de résister. Il s'ensuivit un désordre qui eut dégénéré en panique sans la voix de Bugeaud. Serré de près, le gouverneur de l'Algérie avait dû mettre l'épée à la main, et ce n'est qu'en chargeant à la tête de son état-major qu'il réussit à se dégager.

Le combat heureusement terminé, raconte le général Daumas, Bugeaud ordonne de faire l'appel, et, pendant cette opération, se promène devant sa tente. Il était de fort méchante humeur. Cependant à la lueur des feux de bivouac, il s'aperçoit que tout le monde rit en le regardant: il porte la main à sa tête et reconnaît qu'il est coiffé, comme le roi d'Yvetot, d'un simple bonnet de coton.

Il demande aussitôt sa casquette et mille voix de répéter; la casquette! la casquette du général!

Or, cette casquette, d'une forme originale, avait depuis longtemps le don d'exciter un peu l'attention gouailleuse des soldats. Le lendemain, quand les clairons sonnèrent la marche, le bataillon de zouaves, placé en tête de colonne, les accompagna en chantant:

> As-tu vu
> La casquette,
> La casquette?
> As-tu vu
> La casquette
> Du père Bugeaud?

C'est depuis cette nuit que la fanfare de marche des zouaves ne s'appelle plus que: *la Casquette.*

Les zouaves furent représentés à l'Isly par le second

bataillon. Durant cette affaire, si justement comparée à la bataille des Pyramides, ils eurent à soutenir l'assaut de la cavalerie marocaine, brave, téméraire, fanatisée, qui vint se briser sur leurs baïonnettes comme jadis les Mamelouks sur les inébranlables carrés de Bonaparte. A la fin de la journée, le même bataillon arrivait au pas de course dégager le 2ᵉ régiment de chasseurs d'Afrique, compromis par un excès d'audace.

Sur l'ordre du général Bedeau, les zouaves mettent sacs à terre et, leur commandant d'Autemarre d'Ervillé en tête, se lancent au pas de course à l'assaut des masses marocaines. Bientôt fendues, ouvertes, coupées, disloquées, celles-ci se dispersent dans toutes les directions.

Pendant que le second bataillon combattait à l'Isly, le premier, lancé à la poursuite de tribus rebelles, les surprenait, les refoulait et les cernait dans des grottes. Mourant de faim, exténués de fatigue et de soif, les Arabes firent d'abord sortir leurs femmes et leurs enfants, puis vinrent eux-mêmes se rendre à merci. Leur misère était affreuse ; elle émut de pitié le cœur des vieux soldats. On vit alors ces robustes zouaves vider leurs gourdes pour ranimer les vieillards, donner aux femmes leurs vivres de réserve, et, renversant les chèvres dont le bataillon se faisait suivre, en approcher les mamelles de la bouche des nouveaux-nés. Avec une touchante maladresse, quelques-uns se mirent à bercer les petits orphelins, et, pendant la marche de retour, les zouaves, au lieu de pastèques, de poules ou de tortues, montraient sur leur sac les petits êtres que leurs mères n'avaient pas eu la force de porter.

En mai 1843, le 1er bataillon était emmené par le duc d'Aumale, à la poursuite de la Smalah d'Abd-el-Kader que l'on parvint à rejoindre le 15 et qui fut prise le jour suivant. Marcheurs rapides et infatigables, les zouaves ne pouvaient cependant suivre la cavalerie lancée au trot, aussi le duc d'Aumale fit-il monter sur des mulets de bât les hommes de deux compagnies de zouaves. Ceux-là seulement eurent part à l'action ; leurs compagnons, qui avaient pris le pas de course dans la matinée du 14 n'arrivèrent qu'à trois heures et demie de l'après-midi, l'affaire terminée. Ils avaient franchi à pied trente lieues en trente-six heures, sans eau, par le vent du désert, marche si dure que le sang colorait leur guêtres blanches. On les vit défiler devant le bivouac des chasseurs d'Afrique, sifflant les airs de la cavalerie comme pour railler les chevaux fatigués et se venger de ce que leurs rivaux en gloire avaient chargé et battu l'ennemi sans eux.

A côté de cette marche que les historiens militaires considèrent comme la plus remarquable dont fassent mention les annales de l'armée française, il faut aussi rappeler celle qu'exécuta le 2º bataillon de zouaves, le 1ᵉʳ juillet de cette même année 1843. Ce jour-là, les zouaves franchirent dix-huit lieues en dix-huit heures, dont neuf à l'allure rapide.

Aux travaux de la guerre ne se bornait pas la part des zouaves dans la conquête de l'Algérie ; mais, en 1845, pendant un court intervalle de paix, ils collaborèrent aux terrassements si dangereux de la route de la Chiffa, pratiquée aux flancs des rochers ; quelques-uns d'entre eux succombèrent ou furent blessés par les éboulements. La même année, le 9 juin, ils enlevaient d'assaut les hauteurs du Djebbel Ouled Azis.

La lutte fut vive, l'ardeur égale de part et d'autre. Blessé à la main droite, le clairon Garnier prend son instrument de la main gauche ; le genou fracassé, il s'accroupit et continue de sonner. A l'attaque du village des Kromis, par le 2ᵉ bataillon qu'enlève l'ardent Cavaignac, le capitaine Larrouy-d'Orion voit tomber un de ses soldats. Il le charge sur ses épaules, est lui-même blessé, tombe avec son fardeau et ne doit la vie qu'au dévouement de sa troupe.

Au combat de l'Oued-Daman, livré le 22 septembre 1845, tombait le commandant de zouaves Peyraguay. Comme ses soldats se précipitaient pour le secourir, il les renvoya au feu en leur criant : « *Continuez, ne vous occupez pas de moi.* »

C'est pendant l'un des nombreux combats de cette

Général Chanzy (1823-1883).

guerre sans fin, signalée par des luttes incessamment renouvelées, qu'était blessé quatre fois le capitaine Espinasse, le futur ministre de l'Empire, et que se révèle pour la première fois, par une mise à l'ordre du jour, le nom du jeune sous-lieutenant de zouaves qui, vingt-deux ans plus tard, sera le général Chanzy. Ardents au feu, les zouaves se montraient également infatigables, lorsque l'amour-propre, disons mieux, la coquetterie du corps, se trouvait engagée. Au commencement de 1846, le grand-duc Constantin de Russie se trouvait à Alger. Il voulut voir les zouaves qui, le jour même de son arrivée, rentraient de Blidah après six mois de marches continuelles et de combats incessants. Leurs vêtements n'étaient plus que de glorieux haillons. Dans la nuit, ils reçurent leurs uniformes neufs, et le lendemain, à huit heures du matin, ils étaient à Bouffarick, à six lieues de Blidah, rangés en bataille pour passer la revue du grand-duc, puis défiler devant lui.

Le 5 mai 1847 une seule compagnie de zouaves résiste à plusieurs centaines de Kabyles descendus des hauteurs bordant l'Oued-Sahel. Le lendemain, quand l'ennemi repoussé s'était réfugié dans les montagnes, le maréchal Bugeaud hésite à faire attaquer par ses troupes épuisées des positions qui lui paraissent inexpugnables. Soudain, sur un signe du colonel de Ladmirault, les clairons sonnent la *Casquette*, et les zouaves, électrisés, enlèvent d'assaut les hauteurs.

Avec de tels soldats le climat avait cessé d'être un auxiliaire pour les Arabes. S'il pleuvait, ils s'abritaient stoïquement sous leurs grands capuchons et marchaient quand même ; si les rayons du soleil africain transformaient la plaine en fournaise, la mousseline des turbans et des ceintures jetée sur les armes en faisceaux, leur constituait une tente improvisée et rapidement dressée. Ni la boue de l'hiver, ni la poussière de l'été ne pouvaient donc arrêter ces hommes. Il avait bien raison le sergent de zouaves Rufier quand il disait : « Il n'y a qu'un Dieu, qu'un soleil et qu'un régiment de zouaves. »

Le 17 août 1848, les zouaves passaient sous le commandement du colonel Canrobert, que sa brillante valeur avait rendu l'idole du soldat. C'est avec ce chef que les zouaves se mesurèrent contre les tribus kabyles, peuplades de montagnards aussi braves qu'amoureux de leur indépendance. Vaincu, le Kabyle ne cédait le terrain que pied à pied, avec une ténacité depuis longtemps proverbiale. « Casse la tête d'un Kabyle, dit un proverbe arabe, tu y trouveras une pierre. » En effet, si la mauvaise fortune condamnait le Kabyle à demander l'*aman*, à subir la paix, ce n'était que pour un temps, et, relevé de ses défaites, les fils des morts devenus hommes, il en appelait de nouveau à la poudre. Le 5 juillet 1849, les zouaves de Canrobert, conduits par leur chef, enlevaient le village de Sameurs, suspendu aux flancs du Djurjura ; le 12 juillet, le bataillon du commandant de Lavarande livrait aux Beni-Mellikeuch un violent combat, et au mois d'octobre 1849 commençait la marche vers Zaatcha, où Bou-Zian, ancien porteur d'eau d'Alger, était devenu Cheick, se faisait passer pour chériff ou prophète et prédisait la fin du règne des Infidèles.

La marche sur Zaatcha fut pénible: elle eut lieu en plein choléra. La route de l'armée, que commandait le général Herbillon, se marqua par les tombes des victimes de l'épidémie. Les zouaves opposèrent au fléau leur courageuse insouciance, soignant les malades, enterrant les morts, envisageant avec stoïcisme cette mort douloureuse et obscure. Quand ils arrivèrent devant Zaatcha, le 7 octobre 1849, ils avaient perdu une centaine d'hommes.

Zaatcha n'était pas une ville, ni même un village, c'était une oasis de palmiers entourée et coupée de fossés remplis d'eau, dans laquelle se perdaient les habitations, les mosquées, les jardins entourés de murs, le tout formant un enchevêtrement de ruelles, de buissons, de fossés, un dédale inextricable dans lequel les insurgés kabyles se croyaient à l'abri de toute attaque.

Non seulement l'oasis était bien défendue, mais des contingents nombreux s'étaient levés pour venir lui porter secours. Les zouaves furent lancés à la rencontre de ces contingents, qu'ils dispersèrent en s'emparant de leurs approvisionnements, de leurs chevaux et de leurs troupeaux. Le jour de l'assaut, 26 novembre, le régiment tout entier, son colonel et son lieutenant-colonel, M. de Lourmel, en tête, s'avançait dès l'aube sur les débris des murailles effondrées ; Canrobert avait jeté au loin le fourreau de son épée en s'écriant qu'il n'en aurait pas besoin pendant la journée. Mais les Kabyles opposaient une résistance qui rappelait la valeureuse défense de Constantine. Autour de Canrobert, tombent le commandant de Lorencez et deux aides de camp. La colère des zouaves s'allume ; ils pénètrent dans la place et, sans se laisser arrêter par la vivacité de la fusillade, ils assiègent et emportent tour à tour chaque groupe de maisons. Malgré leur vigueur, ils sont pourtant forcés de s'arrêter et de reculer devant un grand édifice solidement construit, fermé et transformé en citadelle ou réduit intérieur. Des échelles sont appliquées, mais les premiers assaillants sont renversés ; le génie essaye de faire jouer la mine, mais officiers et sapeurs succombent sans pouvoir entamer ces fortes murailles.

Une dernière tentative est enfin plus heureuse ; un pan de mur, secoué par l'explosion d'une mine, s'écroule découvrant une multitude épouvantée de femmes, d'enfants et de vieillards, que nos troupes cernent de tous côtés.

Alors du groupe principal se détache un Arabe de noble attitude. D'une main, il tient son fusil la crosse en l'air, de l'autre, il s'appuie sur l'épaule de l'un des siens.

— Vous cherchez Bou Zian? dit-il, le voici: Dieu est grand, que sa volonté soit faite!

Aussitôt une décharge abat l'auteur de la guerre.

La chute du boulevard kabyle coûtait aux zouaves une centaine de victimes, mais elle ne leur rendait pas le repos, car il leur fallut poursuivre, sans trêve ni relâche, ces montagnards kabyles que les revers ne purent jamais décourager.

Le 3 octobre 1849, un simple sous-lieutenant de zouaves, Beauprêtre, à qui son ascendant sur les Arabes et son énergie pour dominer leur terreur superstitieuse avait fait confier le commandement d'un groupe ou *goum* d'indigènes de la vallée de l'Oued-Sahel, fut attaqué par plusieurs milliers de Kabyles commandés par un chef du nom d'Abdallah qui se faisait appeler Bou-Maza. Malgré la conviction de ses protégés que leurs fusils ne partiraient pas contre le chériff, Beauprêtre les rassure, les entraîne, bat complétement l'ennemi et obtient la soumission d'une tribu. Tel fut le retentissement de ce combat, que le sous-lieutenant Beauprêtre fut proposé à la fois pour le grade de lieutenant et pour la croix de la Légion d'honneur.

Du reste la lutte se poursuivait dans la montagne

Prise de Zaatcha. — Beaucé. — (Galerie de Versailles.)

comme sur les confins du désert. Le 5 janvier 1850, les zouaves enlevaient par escalade le village de Narah, véritable nid d'aigle dissimulé dans un repli de montagne. En avril 1851, sous le commandement d'un nouveau colonel, d'Aurelle de Paladines; ils s'emparaient du village fortifié de Beni Saloun, que ses habitants croyaient hors de toute atteinte, puis ils faisaient partie des colonnes avec lesquelles les généraux Camou, Bosquet et Saint-Arnaud parcouraient les confins du désert. A la suite d'un combat livré aux Beni Améran, les chefs de cette tribu venaient demander l'*aman*, et, encore sous l'impression de terreur que leur avait causée les zouaves, ils disaient au général Camou :

— Nous acceptons pour la paix les conditions que tu voudras nous imposer, mais délivre-nous de tes chèvres de montagnes qui ont la force et le courage du lion.

Si Arabes et Kabyles avaient eu le bonheur de s'emparer de quelqu'un de ces adversaires si redoutés, nul doute qu'ils eussent été implacables dans leur vengeance. Les zouaves le savaient et s'ils excellaient à l'attaque, ils n'étaient ni moins braves, ni moins heureux quand le hasard des combats les réduisait à un rôle purement défensif.

Un soir, le 20 juin 1851, les Beni Alibi, tombés à l'improviste sur l'arrière-garde d'une colonne, réussirent à en isoler une cinquantaine de zouaves. Déjà ils poussaient des cris de joie et de triomphe, exécutaient une fantasia des plus folles, jetaient leurs armes en l'air tout en poussant leurs chevaux au grand galop, tant la victoire leur paraissait certaine. Le lieutenant Piallat ordonne à ses zouaves de rester immobiles, sans tirer un coup de feu, puis de se jeter à plat ventre pour laisser passer la décharge de l'ennemi. Aussitôt la volée de balles passée, le clairon sonne; les notes sont haletantes et fiévreuses, pressées et emportées, le peloton exécute un feu d'ensemble et, tête baissée, la baïonnette en avant, le noyau de zouaves s'enfonce comme un coin dans l'entaille que son feu vient d'ouvrir, et il se dégage vainqueur dans ce combat qu'un vieux zouave, enfant de Paris, appela la victoire du *Cinq pour Cent*.

Au commencement de 1852, Bourbaki remplaçait à la tête des zouaves le colonel d'Aurelle de Paladines, promu général, et le 13 février le régiment était licencié.

Le rapport à l'Empereur qui proposait la nouvelle formation se formulait ainsi:

« Considérant que les services rendus par les troupes qui font partie de l'armée d'Afrique à titre permanent sont dus à la solidité particulière et à l'esprit de corps que leur donne l'habitude du climat et de la guerre;

Assaut de Laghouat. — Beaucé. — (Galerie de Versailles.)

« Considérant que l'application dans une sage mesure du principe de la permanence est le plus sûr moyen d'arriver, progressivement et sans péril pour les intérêts de la conquête, à une réduction de l'armée d'Afrique et, par suite, à un allègement des charges que son entretien fait peser sur le pays... décide qu'il sera formé trois régiments de zouaves qui prendront les numéros 1, 2 et 3. »

Chacun des bataillons du régiment licencié devint le noyau du nouveau régiment portant le numéro correspondant à celui de ce bataillon, et ces trois régiments eurent une organisation et une force identiques à celles de l'ancien régiment de zouaves, par conséquent identiques à celles des régiments d'infanterie de ligne.

La transformation de chaque bataillon en régiment se fit par l'incorporation d'officiers, de sous-officiers et de soldats choisis dans les divers corps d'infanterie de l'armée d'Afrique. Le colonel Bourbaki resta à la tête du 1er régiment de zouaves, formé à Blidah; le colonel Vinoy reçut le commandement du second, constitué à Oran; et le colonel Tarbouriech, celui du troisième, rassemblé à Constantine. Ces trois places, Blidah, Oran et Constantine, devinrent désormais le quartier général ou dépôt du régiment de zouaves qu'elles avaient vu naître.

En peu de temps, les nouveaux zouaves se montrèrent vraiment dignes des anciens et, quand le rayon d'action des troupes françaises se fut étendu, que les nécessités politiques conduisirent le général Pélissier à Laghouat, à cent-quinze lieues vers le sud, les zouaves détachés des trois régiments eurent en partage les postes les plus périlleux, durent repousser les sorties des assiégés, prêter leur aide aux soldats de l'artillerie et du génie pour l'ouverture des tranchées et l'armement des batteries. Le jour de l'assaut, ils formaient tête de colonne. « Souvenez-vous colonel Cler (du 2ᵉ zouaves), avait dit le général Pélissier, la veille de l'action finale, que, demain à midi, il faut que nous déjeunions sur les terrasses de la casbah de Ben Salem. »

Au petit jour, les zouaves, qui venaient d'enlever un marabout fortifié, franchissent, le capitaine Menouvrier-Defresne à leur tête, les murs ruinés de Laghouat, repoussent ou massacrent qui tente de les arrêter. La défense cependant est désespérée, et bon nombre d'assaillants tombent pour ne plus se relever. Au moment où il ralliait ses soldats, le brave commandant Morand est blessé; les chirurgiens l'opèrent sur le champ de bataille, mais il meurt au moment où les voltigeurs du 50ᵉ de ligne, défilant devant lui, portent les armes comme adieu suprême. Cette perte, douloureux incident de ce drame, n'arrête pas les zouaves;

ils arrivent devant la casbah, enfoncent les portes, et bientôt le drapeau du 2ᵉ régiment flotte sur le plus haut minaret. A midi, le colonel Cler put faire prévenir son général en chef qu'un modeste déjeuner l'attendait sur la terrasse de la casbah, à l'ombre de cinq drapeaux enlevés à l'ennemi. Pendant ce siége fut tué le capitaine Bessières, neveu du maréchal de l'Empire, duc d'Istrie, et renommé pour sa bravoure.

Lorsque les généraux Bosquet et de Mac-Mahon partirent pour cette expédition dite des Babors, dans la Kabylie orientale ou petite Kabylie, ils emmenèrent les zouaves avec eux. Une longue série de pluie, d'orages et de tempêtes avait détrempé le sol glaiseux à un point tel que, si un zouave tombait, on le relevait *moulé en terre*, raconte un témoin. Ces difficultés, jointes à celles que présentait la guerre dans un pays montagneux, n'empêchaient pas les zouaves d'enlever à l'escalade, sous une pluie de balles et de pierres, des villages bâtis dans des endroits en apparence inaccessibles, de gravir le rocher de Takouecht, haut de dix-neuf cents mètres, pour aller punir des montagnards qui répondaient dédaigneusement aux propositions de paix :

— « Nous ne craignons que l'oiseau de proie ! »

Un jour, ce n'est pas un village kabyle que les zouaves reçurent l'ordre d'enlever, mais un colonel de l'état-major français, le brave de la *Poêle-à-Frire*, autrement dit le colonel de la Tour-du-Pin; les zouaves lui avaient attribué ce bizarre sobriquet à cause du cornet acoustique dont son extrême surdité l'obligeait à se servir. Posté sur un point qu'il jugeait excellent pour se rendre compte du tir des Kabyles, le colonel ne s'apercevait nullement qu'il devenait leur cible, et moitié persuasion, moitié violence, les zouaves le ramenèrent au camp.

L'expédition des Babors termine la première période de la vie militaire des zouaves, la guerre de Crimée va commencer la seconde.

CHAPITRE III

ORGANISATION DES ZOUAVES

Le costume des Zouaves. — Distinction entre les régiments. — La vie intérieure dans le corps. — La *tribu*. — Le chef de tribu. — Le rôle de chacun dans la tribu. — L'organisation de la tribu.

Les premiers zouaves avaient été des indigènes, de là le choix du costume qui leur fut donné, costume qui tint à la fois du vêtement maure et du vêtement turc. Après quelques tâtonnements, cet uniforme se trouva arrêté dans son ensemble.

Depuis son adoption, il y a plus d'un demi-siècle, le costume des zouaves n'a été modifié que dans quelques détails, n'a cessé d'exercer sur les esprits enthousiastes une certaine fascination et on peut dire que son originalité a été pour beaucoup dans la continuelle affluence des volontaires.

Le costume donné aux zouaves par le général Clauzel, en 1831, est un costume mauresque, plutôt qu'oriental, modifié dans quelques-unes de ses parties pour le rendre plus aisé et plus commode à porter par des soldats d'origine européenne. La veste et le gilet sont en drap bleu foncé; le pantalon ou culotte très large est en drap garance, comme le pantalon des troupes d'infanterie de ligne; il s'attache au-dessous du genou, la jambe s'enferme dans une jambière en peau de mouton fauve.

Une large ceinture de laine bleue entoure l'abdomen, couvrant la chute du gilet et la coulisse du pantalon. Pour la nuit et pour les temps de pluie, les zouaves portent un caban à capuchon en drap gris de fer qui enveloppe le sac et tombe sur les reins.

La coiffure est la calotte ou chachia en drap garance avec turban blanc. Ce turban avait d'abord été vert pour les trois régiments de zouaves d'Afrique et blanc seulement pour le régiment des zouaves de la garde impériale. C'est en 1869, que la couleur blanche devint uniforme pour tous les zouaves. Cette couleur verte du turban fut la cause, en 1854, quand les zouaves arrivèrent en Turquie, d'une singulière méprise.

A la Fontaine. — Berne-Bellecour.

Dans les pays musulmans la couleur verte du turban est le signe caractéristique des fidèles mahométans qui ont fait le pèlerinage de La Mecque et que, par suite, on considère comme marabouts ou personnages sacrés. Les régiments de zouaves furent donc pris par les Turcs comme des régiments de personnages saints et plus d'un musulman dévot fut surpris à baiser dévotement le bas du caban d'un vieux zouave plus adorateur de Bacchus que de tout autre dieu.

Comme chaussure, les zouaves eurent le soulier de troupe avec guêtres blanches.

Les trois régiments primitifs portèrent le même costume, mais ils se distinguèrent les uns des autres par la couleur d'une fausse poche posée sur la veste. Cette fausse poche fut dessinée en drap garance pour le premier régiment; en drap blanc, pour le second; en drap jonquille, pour le troisième.

Plus tard, quand on forma le régiment des zouaves de la garde, on lui donna le même costume qu'aux trois régiments d'Afrique, seulement ce furent des tresses et non plus de simples galons qui dessinèrent les coutures de la veste et du gilet, et la calotte chachia fut ornée d'un gland jonquille.

Le quatrième régiment de zouaves, constitué en 1871, se distingue de ses aînés par le dessin en galon bleu des fausses poches.

Créés pour combattre un ennemi d'une mobilité extrême, qui pouvait et qui devait les entraîner loin dans la montagne et loin dans le désert, les zouaves, pendant les vingt premières années de la conquête, ne durent compter que sur eux-mêmes.

De là une organisation toute particulière qui les caractérisa et leur permit de vivre là où d'autres seraient morts de chaleur ou de froid, de faim ou de soif.

Chez les zouaves, la grande famille régimentaire se subdivisait comme dans tous les régiments de l'infanterie française en bataillons et en compagnies. Mais, trop forte en effectif pour permettre une bonne organisation de la vie matérielle, la compagnie de zouaves se partageait en escouades appelées *tribus*. Celles-ci avaient chacune pour chef un vieux zouave intelligent, expérimenté, *débrouillard*, connaissant parfaitement les traditions du corps, ses us et coutumes, les détails du service en ce qui concernait les devoirs du soldat envers ses officiers suivant le grade de ceux-ci, leur caractère et leur réputation, et aussi, peut-être surtout, ce que les chefs doivent au soldat. Chez le zouave se retrouvait, en effet, l'esprit frondeur du Français, sceptique et gouailleur du parisien, grognard du grenadier de l'Empire.

Ancien dans le corps, le chef de tribu ne laissait pas

s'éterniser les petits abus d'autorité ou de routine en ce qu'ils pouvaient avoir de nuisible aux intérêts de ses compagnons; il savait déjouer les ruses plus ou moins légales des comptables de l'intendance, obtenir de l'habitant plus que son dû strict.

Comme chef de tribu, comme son représentant, c'est à lui qu'appartenait le soin d'instruire les jeunes zouaves et de faire vivre ses hommes.

En quelques semaines, le conscrit, nouveau venu dans la tribu, se trouvait dégourdi: il savait porter la chachia en équilibre sur la nuque,

Officier en Tenue actuelle.
Dessin de Claris.

serrer et enrouler le turban, marcher rapidement, allègrement sans déranger les plis artistiquement disposés de sa large culotte ; il avait acquis cette désinvolture, cet air à la fois crâne et bon enfant, coquet et mauvais sujet, constituant le *chic* zouave et qui, autant que sa bravoure, fit du corps le favori de la foule.

Lancés tantôt dans le désert et tantôt dans la montagne à la poursuite d'un ennemi qui détruisait ou cachait tout, les zouaves devinrent industrieux par nécessité ; ils surent tout utiliser, par suite tout réunir, tout garder et porter avec eux de ce qui, à un moment donné, pouvait trouver son emploi. Aussi, quoique déjà bien lourd du fait de son contenu réglementaire, le sac du zouave l'était-il bien davantage encore quand soigneux de ne rien se laisser perdre, son propriétaire avait ramassé morceaux de bois ou de fer, ficelles, clous, fragments d'étoffes, de fer blanc, de planches, etc., rencontrés sur son chemin.

Si, en même temps que ses compagnons, le chef de tribu faisait aux Arabes et aux Kabyles une guerre acharnée, plus encore que Kabyles et Arabes, le commis aux vivres, le *riz pain sel*, comme il l'appelait dédaigneusement, était-il son ennemi. Contre ses ruses, il ne cessait de se garder ; contre ses négligences calculées, il ne cessait de réclamer. En garnison, tout allait bien : une surveillance attentive, maussade, querelleuse parfois, bruyante quand il fallait attirer l'attention des chefs, permettaient aux tribus de zouaves de faire respecter leur juste droit. En campagne et en colonne, c'était bien différent; il ne fallait plus songer aux distributions régulières de vivres, aussi toute l'habileté, tout le génie, toute la patience du zouave devaient se concentrer sur la grosse question des repas de bivouac. Tandis que fatigués, harassés, n'en pouvant plus de chaleur et de fatigue, le soldat de ligne tombait de sommeil, le zouave, désigné dans sa tribu pour la corvée de cuisine, dressait le fourneau — quelques pierres ou un trou dans le sable — montait la marmite et pendant qu'une partie de ses compagnons prenait un commencement de repos, il préparait la *turlutine* ou soupe au biscuit et l'eau pour le café. Faire beaucoup avec peu, même avec rien et joindre à l'ordinaire des suppléments abondants et variés, tel était le programme imposé aux cuisiniers des tribus de zouaves.

Cette question de la cuisine, ce problème de faire vivre leurs troupes en marche, la préoccupation constante des chefs de corps, n'inquiétait guère les officiers de zouaves. En plein Sahara, leurs hommes savaient trouver de l'eau; sous une pluie battante; ils savaient allumer leurs feux.

« Pour le zouave connaissant son affaire, dit le commandant d'Escoubès, qui a tracé de l'intérieur d'un régiment de zouaves un intéressant et pittoresque tableau, les plats d'extra, qui viennent s'ajouter à la maigre pitance allouée par l'administration, sont aussi nombreux que variés : il fait des fromages avec des pieds de bœuf, du gras double avec les entrailles de l'animal; il sait trouver dans les champs les bons champignons, les truffes blanches, les asperges sauvages, les pissenlits; il prend des oiseaux avec des sauterelles comme appât ou des lacets de crins de cheval; des poissons au cordeau, à la ligne, au mouchoir, etc.

« C'est au moment où la tribu est réunie pour manger la soupe ou prendre le café, que le chef de tribu fait son rapport et règle le travail de chacun. Ceux qui ont

Zouave en grande Tenue.
Dessin de Claris.

été de service ou de corvée racontent ce qu'ils ont vu et entendu et présentent aux camarades le produit de leurs trouvailles. De ce qui est dit, on tire des conclusions, car il s'agit toujours de savoir s'il faut tracer des plans pour une petite, une moyenne ou une grande installation, si la provision de vivres et de tabac peut suffire, s'il n'y a pas moyen de se procurer quelques suppléments. Après avoir tout entendu et fait ses remarques, le chef d'escouade commande son service. Il désigne l'homme qui fera la cuisine, celui qui ira à l'eau, au bois, à la corvée générale, aux corvées particulières, chacun selon son aptitude, car un tel est bien avec l'administration, il ne se fait pas prier quand il s'agit de donner un coup de main: il pourra donc avoir quelques planches, quelques débris de boucherie. Un autre est fureteur enragé; il a l'œil et l'oreille du renard : il ira en reconnaissance pour voir s'il y a quelque jardin à visiter, quelque masure ou quelque silo à fouiller. Un troisième exerce une industrie qui le fait rechercher par tout le monde ou bien il sait tout faire et fait tout : il est maçon, menuisier, couvreur, ferblantier; il sait raccommoder les vêtements et les chaussures; semblables aux dieux, avec rien il crée tout, même au besoin il saurait créer des matériaux, en un mot, au camp comme en expédition, c'est le débrouillard parfait. La tribu, qui possédait un être aussi complet, l'admirait, le respectait et le choyait, car, par lui, le tabac abondait et les *pourboires* dont on récompensait son adresse et ses services profitaient à la petite communauté, le désintéressement absolu et la fraternité de corps étant surtout vertus de zouave. »

Tel s'était formé le zouave pendant les guerres d'Afrique, tel il va se retrouver en Crimée, quand il lui faudra vivre sur un sol absolument nu.

Gourbi d'Officier.

Vue d'Inkerman.
(Dessin d'E. d'Otémar.)

CHAPITRE IV

GUERRE DE CRIMÉE

Doutes de quelques généraux. — La Dobrutscha. — Le passage de l'Alma. — Escalade du plateau. — Saint-Arnaud et les Zouaves. — Canrobert et la prise du Télégraphe. — Salut suprême au vainqueur. — La Maison des Zouaves. — Inkerman. — Bosquet et le 3ᵉ de Zouaves. — L'Abattoir. — Francs-tireurs et Éclaireurs. — Le combat de nuit du 22 au 23 février. — Le Mamelon-Vert.

Quand on parla d'envoyer les zouaves en Orient, bien des officiers doutèrent de l'excellence de la mesure. Merveilleux soldats, disaient-ils, pour combattre l'Arabe de la plaine ou le Kabyle de la montagne, habitués à une tactique spéciale, même à un certain laisser aller qu'autorisaient une longue habitude, la grandeur comme la constance des services rendus, que vaudraient les zouaves alors qu'ils se trouveraient en présence de troupes européennes bien commandées, bien massées, luttant avec ensemble et cohésion ?

Les chefs qui connaissaient bien les zouaves, ceux surtout qui les avaient commandés, affirmèrent qu'ils étonneraient l'armée. Et de fait, les braves soldats de La Moricière, de Cavaignac, de Canrobert justifièrent toutes les espérances.

C'est en février 1854 que l'ordre arriva, en Afrique, de former dans les régiments de zouaves deux bataillons de guerre, d'un effectif de deux mille deux cents hommes, commandés par cinquante-six officiers. Ce fut une tâche difficile pour les colonels de choisir parmi leurs soldats les élus de la souffrance et de la mort. Tous voulaient partir, tous y avaient des droits et se pressaient chez leurs chefs pour les faire valoir. Dans l'espérance d'un premier triage, le colonel du 2ᵉ de zouaves avait fait connaître, par la voie de l'ordre, que « serait privé de l'honneur de faire la guerre tout homme coupable d'une faute grave. » Pendant les trois mois d'organisation, et qu'ils fussent à Oran ou à Alger, les zouaves du 2ᵉ régiment furent d'une sagesse exemplaire. « Quelques-uns, écrivait le colonel Cler, demandèrent à rétrograder pour faire partie des bataillons actifs ; la crainte d'être privés de l'honneur de faire la guerre fait qu'en ce moment mes soldats se conduisent comme des *jeunes filles*. » Cependant, les difficultés s'aplanirent, et les six bataillons arrivaient à Constantinople de la fin de mai au commencement de juin 1854.

Les quatre mois qu'ils passèrent sur divers points de la Turquie d'Europe, furent pour les

Clairon.

zouaves quatre mois de marche et de contre-marches, pendant lesquels ils n'eurent d'autres ennemis à combattre que la température excessive, parfois le manque de vivres — les convois pouvant à peine avancer sur les routes plutôt nominales que réelles des Turcs — les incendies fréquents, le choléra, mais surtout la rapacité des Grecs et des Bulgares. Ils triomphèrent de tout, et l'annonce de la vraie guerre vint leur faire oublier toutes ces misères.

Le concert de lamentations, de sollicitations et de réclamations qui avait signalé le départ de l'Algérie, se renouvela quand, au commencement de septembre 1854, l'ordre du jour vint apprendre aux troupes que douze cents hommes seulement par régiment prendraient passage sur les navires de guerre pour une destination inconnue. Plus hasardée paraissait l'aventure, plus vif était le désir de chacun d'y prendre part; mais l'ordre était formel et sans appel : deux tiers seulement des zouaves débarquèrent en Crimée.

Le choléra, qui avait cruellement décimé les troupes campées autour de Varna, avait relativement épargné les zouaves, bien que leur dévouement aux malades les eut plus particulièrement exposés. A bord des navires de guerre et de transport, le nombre des malades s'éleva à un chiffre tel que les infirmiers ne purent suffire et que ce fut encore aux zouaves que l'on demanda des infirmiers volontaires. Les trois mille six cents zouaves qu'avait emmenés avec son armée le maréchal de Saint-Arnaud, arrivaient le matin du 20 septembre en vue de la petite rivière de l'Alma, et, sur les hauteurs mamelonnées qui la bordaient et la dominaient, ils voyaient, rangés en bataille, attendant les Français comme à un rendez-vous d'honneur, toute l'armée du général Mentschikoff.

Cette armée couvrait la route de Sébastopol, le grand arsenal russe.

Sans attendre que les sapeurs du génie aient préparé les rampes pour descendre jusqu'aux gués, les zouaves du

Le Maréchal de Saint-Arnaud.

troisième régiment qui formaient tête de colonne, se glissent dans l'Alma qu'ils traversent à gué ayant parfois de l'eau jusqu'aux épaules, mais en élevant au-dessus de leur tête leur fusil et leur cartouchière. Ils arrivent sur le bord opposé, puis placés en tête de colonne, sans souci de l'eau qui gonfle et alourdit leurs vêtements, avec un entrain dont le souvenir est resté célèbre, ils se développent en tirailleurs pour gravir les pentes presque à pic que surmonte le plateau destiné à devenir le vrai champ de bataille. Les zouaves, en s'aidant des pieds et des mains, se retenant aux ronces, aux arbustes, aux moindres aspérités des rochers, se soutiennent et se soulèvent les uns les autres, formant, en quelque sorte, de longues grappes humaines. En moins de dix minutes, les larges culottes rouges apparaissent au bord du plateau, et avant que les vedettes russes les aient aperçus ou soient revenues de leur surprise, les tirailleurs des zouaves se trouvent assez nombreux pour les repousser, ainsi que les détachements de cosaques lancés en éclaireurs. Pendant que le premier bataillon formait ainsi avant-garde, le second, accompagné des autres troupes de la division Bosquet affluait par la même voie et se couvrait dans un pli de terrain pendant que l'artillerie commençait la véritable bataille.

Seul le colonel Tarbouriech resta à cheval, dominant le combat, attentif au moment de lancer ses braves *chacals*.

Sur pied depuis la diane, les soldats du 2ᵉ régiment avaient déjà, pour prendre patience et, sur l'invitation du colonel, préparé et avalé deux fois le café, quand le maréchal de Saint-Arnaud, passant devant le front du régiment, entendit quelques grognements. Les hommes se plaignaient de leur immobilité et semblaient craindre que le gâteau de gloire fût déjà bien entamé quand viendrait leur tour d'y prendre part. Le maréchal conseilla, lui aussi, de prendre le café.

— Le colonel l'a déjà fait prendre deux fois, grommela un vieux sergent.

— En ce cas, reprit le maréchal sans se fâcher, je vous offrirai le pousse-café; mais on le prendra là-haut, et il indiquait les hauteurs alors enveloppées dans un nuage de fumée blanche.

Cependant le 1ᵉʳ régiment de zouaves, que commande le colonel

Le Général Bourbaki.

Bourbaki et qui forme tête de la division Canrobert, s'élance à son tour dans la rivière; il n'attend pas que les soldats du génie ait préparé des sentiers d'accès, mais attaque les Russes de front sans que la fusillade puisse rompre son élan. A midi, il se trouve en position sur le plateau à demi conquis, puis, sur l'ordre donné, les zouaves du 1er et du 2e régiment se joignent pour diriger une furieuse attaque contre les défenseurs d'une tour inachevée, qui occupe le point culminant d'un mamelon et domine tout le terrain de l'action.

De la possession de cette construction destinée à supporter un télégraphe, mais encore enveloppée de ses échafaudages, dépendait la victoire; aussi la lutte y était-elle acharnée.

— A moi, mes zouaves, s'écrie le colonel Cler, du 2e régiment, à la tour! à la tour!

Sans se donner le temps de reprendre haleine, les soldats, qui viennent de pousser aux roues des canons pour les aider à franchir les derniers escarpements, engagent une lutte corps à corps. Tantôt ils avancent et tantôt ils sont refoulés par les efforts énergiques et désespérés de leurs adversaires. Le drapeau du 1er de zouaves est planté sur la tour, mais une balle brise la hampe; le colonel du 2e de zouaves saisit celui de son régiment; le sergent Fleury le plante et le soutient jusqu'au moment où une balle le renverse lui-même.

Le général Canrobert accourt pour exciter et soutenir de sa parole, de sa présence, surtout de son exemple, l'ardeur et le courage de ses soldats ; mais, atteint à l'épaule et la poitrine par des éclats d'obus, il tombe de cheval en perdant connaissance.

Un long cri de douleur, de désespoir et de colère parcourt les rangs et la lutte devient plus vive encore et plus acharnée, car il faut venger le général, l'ancien colonel de zouaves depuis longtemps l'admiration des soldats, à cause de sa bravoure chevaleresque, et leur idole à cause de sa sollicitude de tous les instants. Mais Canrobert est revenu à lui; ses premières paroles sont pour demander son cheval. A peine pansé, il se remet en selle, reprend la tête de ses troupes enthousiasmées, et, par l'enlèvement du mamelon et de la tour du Télégraphe, assure enfin la victoire au drapeau français. A ce moment, le maréchal de Saint-Arnaud, qui passait sur le champ de bataille, se découvrit devant les vainqueurs en leur criant : Merci, zouaves !

Il promit au colonel Cler que ce nom désormais glorieux de l'Alma serait inscrit sur le drapeau du 2e de zouaves.

L'enthousiasme soulevé par cette brillante journée fut telle, raconte un témoin, que l'on vit des blessés se refuser d'aller aux ambulances, qu'ils voulurent rester à leur compagnie pour jouir du triomphe et que bon nombre qui avaient été pansés sur le champ de bataille, vinrent reprendre, dès le soir même, leur place dans le rang. Tel fut le sergent clairon Geslaud qui, un poignet brisé, vint aussitôt après l'amputation se remettre à la tête de ses clairons.

Après l'Alma, les zouaves prirent, comme le reste de l'armée, la direction de Sébastopol. Ceux du 2ᵉ régiment, passant devant la litière de Saint-Arnaud presque mourant, le saluèrent une dernière fois, en sonnant la *casquette du père Bugeaud*, touchant et suprême hommage au vainqueur de l'Alma. Le maréchal put remercier du regard seulement ceux que son rapport, daté du champ de bataille, avait qualifiés de « premiers soldats du monde », et

Le Maréchal Canrobert.

>...la trirème en deuil aux rivages toscans,
> Porta Germanicus mort au milieu des camps.

Bien qu'habitués, en terre d'Afrique, à une certaine

liberté d'allures, à un certain laisser-aller, qui n'était pas sans causer quelques soucis aux officiers, les zouaves avaient su comprendre, dès les premiers jours de la campagne, pourquoi, devant des troupes européennes, la discipline la plus sévère est l'une des conditions de la victoire.

S'ils furent vaillants, ils furent aussi disciplinés, profondément soumis aux ordres de leurs chefs. Ils leur avaient obéi aveuglément sur le champ de bataille de l'Alma, ils furent aussi respectueux de leurs ordres pendant la marche dans un pays couvert de riches vignobles et d'habitations souvent luxueuses. C'est ainsi qu'un soir, le colonel Cler put défendre à ses zouaves d'entrer dans un clos auprès duquel ils étaient campés, sans qu'un seul osât enfreindre l'ordre de respecter les ceps couverts de raisins mûrs d'un aspect des plus fascinants. Il est vrai que, le lendemain, toute crainte de surprise ayant disparu, le colonel accorda le droit de vendanges. Cinq minutes suffirent pour une récolte complète.

Cette bonne aubaine ne devait être que passagère, car la marche de l'Alma à Sébastopol fut extrêmement pénible. Au bivouac de la ferme de Mackenzie, demeuré célèbre parmi les soldats de l'armée de Crimée sous le nom de „Camp de la Soif" qu'ils lui donnèrent, les zouaves ne purent trouver un peu d'eau qu'au fond d'un puits à demi desséché, dans lequel un zouave se fit descendre au moyen d'une corde formée de turbans noués les uns aux autres.

Les Anglais n'avaient joué à l'Alma qu'un rôle secondaire. Néanmoins ils tinrent à prendre la tête de l'armée qui marchait sur Sébastopol. Leurs alliés, trop généreux peut-être, consentirent à leur laisser cet honneur.

Malheureusement, l'armée anglaise, déjà lente dans ses mouvements, traînait à sa suite un attirail fabuleux qui devint un embarras des plus dangereux pendant cette marche de flanc, l'ennemi pouvant survenir à tout instant et surprendre les alliés à demi débandés, perdus dans leurs charrois.

Le général Canrobert, qui voit le danger, obéit à une inspiration subite : il ordonne de faire passer les zouaves en tête des colonnes françaises, avec mission expresse de talonner les Anglais.

„Ces Africains, au départ, enlevèrent les applaudissements. Leur contenance nous ranima tous, dit l'auteur anonyme du *Journal humouristique du Siège de Sébastopol*. — Ils se riaient des ennuyeuses fatigues de la journée et posaient, avec raison, en modèles de marcheurs devant la galerie de leurs confrères mécontents et altérés. Mais eux, en gens experts, avaient économisé quelques bouteilles des crus de la Belbeck, dans les abîmes de leurs sacs, véritables monuments de leur art qui dépassaient les glands de leurs crânes bonnets et contenaient pour l'imprévu l'approvisionnement complet d'un ménage, des chapelets de choux surmontant un tabouret ou un guéridon; au-dessus une basse-cour encaquée dans une cage à moineaux, un quartier de mouton, un chat; les ustensiles de cuisine se mariaient aux comestibles et aux effets. Sous ce faix écrasant, ils se redressaient pleins de désinvolture, mieux qu'à l'ouverture d'un bal...

„Quelles superbes têtes de soldats et que de vertus guerrières!

„Les highlanders sont après eux les meilleurs soldats du monde, mais à une longue distance.

„La rencontre des traînards anglais fut pour nos éclaireurs une impayable aubaine. Ils bousculèrent les lambins aux cris de „Go English, leste!..." Nos alliés, depuis l'Alma, professaient pour les bonnets rouges une admiration qui leur défendait de se fâcher et ils répondaient par le compliment sacramentel: „bono zouave!..."

Devant Sébastopol, les trois régiments de zouaves durent, comme les autres corps de l'armée, prendre leur part de toutes les corvées: travaux de terrassement, ouverture des tranchées, établissement des batteries, transport des munitions et des approvisionnements, et ils connurent toutes les misères de la guerre de siège, si bien appelée par les soldats la *guerre de taupes.*

En Crimée, les zouaves furent aussi célèbres par leur esprit ingénieux que par leur bravoure. Sur cette terre si ingrate, ils surent trouver des ressources, tirer parti de tout et vivre dans un bien-être relatif qui leur permit de résister au climat, aux privations de tant d'objets dits de première nécessité, surtout à la nostalgie.

Employés aux travaux d'approche, ils en comprirent du premier coup le secret et la force, dit le commandant d'Escoubès, et, au lieu de suivre les anciens errements, ils imaginèrent, lorsqu'il leur fut ordonné de creuser des tranchées pour se couvrir, d'élever d'abord un mur en pierres sèches, au delà duquel ils rejetaient la terre du fossé. Ils formèrent ainsi, en avant de la partie du retranchement qui leur était affectée, un véritable chemin couvert avec glacis, d'où ils pouvaient tirer à leur aise, tout en étant bien défilés du feu de l'ennemi. S'ils avaient à creuser des trous à loup, ils plantaient au fond des piquets à double pointe et ils en masquaient l'orifice, soit avec des branchages, soit avec des herbes. Les travaux d'installation marchaient de front avec ceux de fortification.

Pour abriter leurs fourneaux, les zouaves eurent

d'abord des murs, puis bientôt des tentes improvisées au moyen d'une foule de fragments d'étoffes multicolores ramassés un peu partout et rassemblés par d'innombrables coutures. Cette installation pittoresque,

Inventaire d'une Casemate russe. — E. Bellangé.

mais insuffisante, fut remplacée, après la fameuse bourrasque de novembre 1854, par des gourbis, auxquels succédèrent des maisonnettes en bois, où souvent les Anglais reçurent une hospitalité tout aussitôt reconnue par de larges rasades de brandy.

Comme toutes les autres troupes, les zouaves ne recevaient que les rations ordinaires de l'intendance, quelquefois des chaussures, rarement des vêtements, mais ils savaient se procurer ce qui leur manquait grâce aux gratifications en argent ou en nature que leur accordaient les chefs qui, de tous côtés, réclamaient leur concours.

Bien différents des zouaves, les Anglais, quand ils arrivèrent en Crimée, se trouvèrent tout à fait sortis de leurs habitudes. Tandis qu'aux Indes et dans les colonies anglaises, officiers et soldats traînaient à leur suite des caravanes de cantiniers, de marchands, de domestiques, d'employés, les difficultés du transport par mer, celles de la vie matérielle en Crimée, surtout la sécurité de l'armée, obligèrent à laisser en Turquie la masse des parasites.

Privés de ces auxiliaires, officiers et soldats anglais se trouvèrent fort dépourvus. Sans domestiques, entourés de soldats aussi peu familiarisés qu'eux-mêmes avec les nécessités de la vie en campagne, les fils et les cadets des familles aristocratiques de l'Angleterre entrevoyaient déjà le moment où il leur faudrait panser eux-mêmes leurs chevaux, peut-être aussi préparer leur nourriture, quand pour les tirer d'un embarras, à la fois comique et dangereux, le général Bosquet leur proposa l'aide de quelques zouaves.

L'Adieu. — Hippolyte Bellangé.

Les soldats anglais, eux, ne se gênèrent pas pour aller chez leurs bons voisins les zouaves apprendre à construire des fourneaux de campagne, à installer solidement les marmites et à construire des gourbis.

Tandis que le 1er régiment de zouaves, appartenant à la division Bosquet, couvrait le camp des Alliés, le second, de la division Canrobert, s'établissait dans les environs d'une habitation de plaisance appartenant à l'un des ingénieurs anglais qui avaient coopéré à la construction du port et des bassins de Sébastopol. Cette habitation, respectée des Russes et des Alliés, fut connue depuis sous le nom de *Maison des zouaves*.

Dès le 9 octobre, les zouaves, de concert avec les troupes du génie et de ligne, avaient ouvert les tranchées, immédiatement armées et occupées. Dès ce jour, les chacals d'Afrique, habitués à la guerre au grand jour, aux luttes corps à corps, virent tournoyer ou siffler au-dessus de leur tête et tomber parmi eux, à toute heure du jour et de la nuit, les monstrueux projectiles lancés par l'artillerie russe. Eux, qui avaient toujours eu l'âpre bonheur de rendre coup pour coup, durent attendre la mutilation ou la mort l'arme au bras ou la pioche à la main. Ils surent se plier à leur nouvelle destinée, et si, à l'Alma, ils s'étaient montrés admirables d'élan et de *furia* française, dans les tranchées ils étonnèrent l'armée par une patience à toute épreuve.

A Inkerman, le 2 novembre 1854, le 1er régiment de zouaves demeura en observation; mais 350 hommes du 2e allèrent prendre position sur un plateau et se tinrent prêts à se porter là où ils seraient requis.

Seulement, et suivant la recommandation du colonel, ils élargirent leurs culottes afin de faire paraître plus nombreuse et plus compacte la faible réserve qu'ils se trouvaient constituer.

C'est le 3e régiment de zouaves, sous les ordres du colonel Tarbouriech, qui combattit à Inkerman et s'y couvrit d'une gloire immortelle.

On se souvient que, durant la première partie de cette journée fameuse, l'armée anglaise, surprise dans son sommeil aux premières lueurs du jour, résista longtemps et vaillamment; elle allait être écrasée quand lui arriva l'aide de ses alliés. Les Anglais mouraient sans penser à se rendre, ni même à reculer, lorsque les troupes françaises vinrent livrer une seconde bataille.

Au signal de Canrobert, et leur colonel en tête, les zouaves du 3e régiment prennent les armes et se dirigent, au pas de charge, sur le champ de carnage. Les notes pressées et stridentes de leurs clairons signalent aux Russes l'arrivée d'adversaires nouveaux, aux Anglais, de libérateurs. Lorsque les Écossais virent s'interposer, entre eux et les Russes, cette colonne impétueusement lancée, ils la saluèrent de frénétiques : „Hurrah pour les Français!" Ils étaient certains non seulement de leur salut, mais aussi du succès.

Un premier élan avait brisé le mouvement des Russes; il fallait maintenant repousser ceux-ci et leur arracher la victoire. „En avant, mes zouaves irrésistibles!" leur crie Bosquet, à cheval au milieu d'eux et les excitant de la voix et du geste. Et les zouaves bondissent, se lancent au plus épais des bataillons russes; ils livrent à ces murailles vivantes, que Napoléon avait jadis qualifiées de „bastions", des assauts terribles. Un instant emportés par leur ardeur, ils pénètrent dans la masse ennemie; ils y sont presque aussitôt enveloppés, enfermés, étouffés sous les flots pressés de leurs adversaires, et pourtant ils ne s'ébranlent pas; de la baïonnette et de la crosse du fusil, ils élargissent le cercle, s'y font une sanglante trouée en forçant les grenadiers russes à reculer, en les repoussant pied à pied, les acculant, les accumulant les uns sur les autres et les précipitant enfin dans ce ravin auquel l'amoncellement des morts et des blessés fit donner le nom sinistre de *Ravin de l'Abattoir*. Cette charge, l'une des plus furieuses et des plus sanglantes que cite l'histoire des batailles, donna le temps aux renforts de Canrobert de marcher au canon et de changer en Marengo cette journée du 5 novembre 1854 qui avait failli devenir un Waterloo.

Le 1er régiment de zouaves n'avait pas combattu à Inkerman, mais il fournit une grande partie des sujets d'élite dont on forma les compagnies de francs-tireurs. Ceux-ci, qu'on appelait aussi les „enfants perdus", furent trois cents, qui, par leur vigilance et leur adresse, devinrent redoutables aux Russes. Rien n'échappait à leur vue perçante, à leur terrible balle: ni l'officier apparu un court instant, ni la sentinelle ou l'artilleur immobiles à leur poste, s'ils se laissaient entrevoir. Mais, de leur côté, les assiégeants se défendaient si bien que, moins d'un mois après leur formation, les trois cents francs-tireurs se trouvaient réduits à cent cinquante seulement.

A côté des francs-tireurs se constituèrent des éclaireurs volontaires, parmi lesquels furent admis beaucoup de zouaves. Alors que le jour tombait, ces éclaireurs, réunis par brigades de cinq, allaient se blottir dans les trous, le plus près possible de l'ennemi, afin de surprendre ses tirailleurs, de dénoncer ses mouvements extérieurs et surtout de contre-battre ces séries de petites embuscades si meurtrières pour nous, dans les premiers jours du siège.

L'artillerie manquait de canonniers; elle en trouva dans les trois régiments de zouaves, et quelques-uns

Les Zouaves-Canonniers.

de ces artilleurs de circonstance se firent porter à l'ordre du jour : le zouave Ibrion, comme pointeur de premier ordre; le zouave Le Gall, pour avoir transporté, à bras, sous une pluie de bombes et de fusées, une boîte de poudre dont l'explosion, au milieu de la tranchée, aurait pu causer de graves malheurs.

Le commencement de l'hiver de 1854-1855 s'annonça par des pluies diluviennes, par d'effroyables bourrasques et par des tempêtes, dont une, celle du 14 novembre, causa d'immenses désastres dans les camps alliés. Ce furent les zouaves du 1er régiment qui, sur la fin de la tourmente, travaillèrent durant dix heures en dépit des rafales et des trombes d'eau, pour relever les tentes des ambulances de la 1re division française et pour sauver les malades et les blessés étouffant sous l'amoncellement des toiles et des débris.

Le 25 février, M. de Lavarande cédait au colonel Jannin le commandement du 1er régiment de zouaves, et, dans la nuit du 22 au 23 du même mois, cinq cents zouaves du 2e régiment, ayant à leur tête leur colonel, M. Cler, formaient tête d'une colonne d'assaut lancée contre la tour Malakoff. Ils s'avancent sans bruit et sans obstacles apparents jusqu'à la gorge de l'ouvrage; mais alors une décharge générale renverse sept de leurs officiers, les arrête et même les ébranle. Remis bien vite de l'effroyable secousse, ils se jettent sur l'ennemi et engagent avec les grenadiers russes un combat acharné. La lutte prend alors un aspect vraiment fantastique; les combattants se détachent sur le sol blanc de neige qu'éclairent les fusées de couleurs diverses incessamment lancées par les Russes, les lueurs de l'artillerie et la fugitive traînée des bombes.

La prise du Mamelon-Vert. — Tableau de Protais. (Galerie de Versailles.)

Mais l'heure du triomphe n'était pas encore sonnée. Avertis de notre faiblesse numérique, les Russes dirigent contre la colonne un feu convergent, et, devant l'inutilité de tant d'efforts, de tant de sacrifices, le général en chef Canrobert doit faire sonner la retraite.

Les zouaves allaient obéir à ce signal, mais ils n'aperçoivent plus au milieu d'eux leur colonel. Inquiets, troublés, ils font volte-face, retournent aux Russes, lorsqu'ils sont arrêtés par le chef qu'ils croyaient perdu.

— Où allez-vous, zouaves, leur crie le colonel Cler, n'entendez-vous pas sonner la retraite?

— Ah! mon colonel, lui répondit un de ces braves soldats, on disait que vous étiez pris, nous allions vous chercher, fût-ce au milieu de Sébastopol.

C'est à la suite de ce glorieux combat que le général Osten Sacken écrivait au commandant en chef de l'armée d'Orient:

„Je m'empresse de vous prévenir que vos braves soldats morts qui sont restés entre nos mains, dans la nuit du 23 février, ont été inhumés avec tous les honneurs dus à leur intrépidité exemplaire."

Cet hommage honorait à la fois les deux adversaires.

Dans la nuit du 22 au 23 mars, c'était le tour du 3e régiment d'être de garde à la tranchée. Les assiégeants crurent pouvoir nous surprendre et lancèrent contre les défenseurs et travailleurs de nos travaux plusieurs colonnes. Cependant les chacals veillaient; une décharge fauche les premiers rangs de leurs adversaires et, dissimulés, couchés, rapetissés sur eux-mêmes, les zouaves rampent sur le sol, puis subitement se relèvent, bondissent baïonnette en avant. Leur attaque est terrible sans doute, mais les Russes sont nombreux et de nouvelles troupes succèdent à celles qu'ont affaiblies les premiers efforts. Trois fois les zouaves sont repoussés, mais trois fois ils reviennent s'enfoncer au plus épais des bataillons russes.

Les munitions manquent, les baïonnettes se tordent, on se bat à coup de crosse, on se tue à coups de pierre. De son côté, le 1er régiment, qui sait de quelle importance pour la sûreté de l'armée est la conservation de la position, soutient le 3e, et, électrisé par l'exemple de son colonel, il lutte corps à corps pour obliger les Russes à abandonner le terrain.

Sauvé, pendant cette terrible mêlée par le dévouement d'un zouave du nom de Mouton, le colonel Jannin passait, le 13 avril, au commandement du régiment des zouaves de la Garde impériale. Ce nouveau corps avait été formé, en Crimée, au mois de mars précédent, et composé d'officiers, de sous-officiers et de soldats choisis parmi l'élite des trois régiments de

Général de Polhès, peint par Lhuillier.

zouaves, des six bataillons de chasseurs à pied et du régiment de tirailleurs algériens. Son premier colonel avait été M. de Lavarande, nommé peu après général de brigade. Le 16 avril, le corps, ayant reçu son drapeau des mains du général Canrobert, commençait immédiatement le service des tranchées.

Le 7 juin, pendant l'attaque du Mamelon-Vert, le 2ᵉ de zouaves aborde sur deux points les redoutes connues sous le nom d'*ouvrages blancs* et depuis sous celui de *redoute Lavarande,* du nom du général qui y fut tué ce jour-là.

„En avant!" crie le capitaine Pruvost en agitant son épée, et la marée humaine s'engage dans la redoute dont elle massacre les canonniers et encloue les canons.

Pris de flanc par un feu violent d'artillerie, les zouaves n'en conservent pas moins leur conquête, mais à quel prix! 7 officiers avaient été tués, 21 blessés et 650 sous-officiers, caporaux et soldats hors de combat!...

Le 3ᵉ de zouaves fut aussi héroïque. Enlevé par son colonel, M. de Polhès, il pénètre dans l'ouvrage dit du Mamelon-Vert, et s'y maintient sous un ouragan de bombes, de boulets et de mitraille, et malgré les assauts furieux d'un ennemi dont le fanatisme religieux exalte encore la bravoure.

Comme le 2ᵉ régiment, le 3ᵉ conserva sa conquête, mais il la paya du sang de 4 officiers tués, de 11 blessés, de 390 sous-officiers et soldats tués, blessés ou disparus.

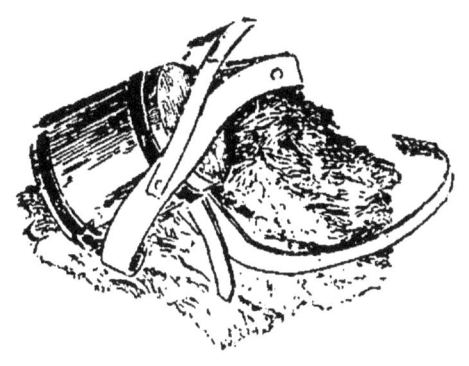

CHAPITRE V

GUERRE DE CRIMÉE

Les Zouaves au camp. — Le théâtre des Zouaves. — Le 18 juin ! — Les Zouaves de la Garde impériale. — Traktir. — Le 2ᵉ de Zouaves au pont de Traktir. — L'assaut de Malakoff. — Colonel Collineau. — La réserve inébranlable. — Le triomphe.

AMPÉE devant Sébastopol, l'armée vivait ou plutôt subissait une existence qui n'avait rien de particulièrement séduisant. Dur hiver suivi d'un été brûlant, sol tenace, difficile à ouvrir, d'une blancheur aveuglante; vivres médiocres en médiocre abondance; corvées pénibles, se répétant chaque jour, puis le choléra, le scorbut, les fièvres : tel était le bilan de misères des vainqueurs de l'Alma et d'Inkerman.

Comme intermèdes de fête, l'attaque de jour, le combat de nuit à la lueur fantastique du sillon des bombes, et, par dessus tout, la victoire alors fidèle aux couleurs françaises.

Mais au-dessus de ces misères, même au-dessus de

Croquis pour les Tableaux de Malakoff, par Ad. Yvon.

cette gloire, planait, vif et léger, l'esprit français, ou plutôt la philosophie nationale, se souciant peu du lendemain et de ses terribles inconnus et ne daignant s'occuper du présent que pour le rendre acceptable.

Le véritable ennemi, le plus redoutable, ce n'était pas le Russe, adversaire loyal, parfois chevaleresque, avec lequel on pouvait lutter corps à corps, mais l'ennui, triste, morne, déprimant, l'ennui qui engendrait la nostalgie et tuait, plus lentement sans doute, mais plus sûrement, le pauvre soldat dont la pensée s'attardait au souvenir du clocher et du foyer familial.

Croquis pour les Tableaux de Malakoff, par Ad. Yvon.

Distraire une armée qui campe tantôt dans la poussière et tantôt dans la boue, que brûle le soleil ou noie la pluie, que lassent et énervent les interminables opérations d'un siège, constituait une entreprise bien faite pour décourager les imaginations les plus inventives et les plus intrépides.

Les zouaves cependant l'essayèrent et réussirent.

Renommés déjà par leur brillante valeur, incarnation de ce sens *débrouillard* qui est une des qualités les plus reconnues du soldat français, ils ne perdirent jamais, même aux jours les plus tristes du siège, cette gaîté et cet entrain qui les avaient caractérisés en Afrique. Aux salles de bal qu'ils avaient ouvertes dès le début du siège, les zouaves du 2ᵉ régiment ajoutèrent bientôt un théâtre.

Quelques madriers, des planches, des toiles clouées sur châssis, des décors peints par les artistes du régiment, constituèrent l'édifice que sa position sur le front de bandière, du côté d'Inkerman et près d'un moulin, fit appeler tantôt le théâtre d'Inkerman, tantôt le théâtre du Moulin, quelquefois aussi le „Théâtre de la guerre".

Comme répertoire, on eut celui des théâtres de Paris; comme acteurs, des zouaves de bonne volonté. *Jeunes premiers, raisonneurs* et *pères nobles* se découvrirent aisément; mais les rôles de duègnes, de coquettes et de jeunes premières furent d'autant plus difficiles à rassembler qu'il fallut, avant tout et dans l'intérêt d'une demi-vraisemblance, faire au dieu de la Comédie le sacrifice de ces barbes superbes dont les

Reproduction de l'une des Affiches du Théâtre des Zouaves.

zouaves tiraient vanité. La garde-robe masculine et féminine s'improvisa grâce à l'aide des cantinières.

Le feu de l'ennemi n'était pas un obstacle aux représentations et la chansonnette sentimentale comme le

Croquis pour les Tableaux de Malakoff, par Ad. Yvon.

vaudeville burlesque eurent souvent pour accompagnement la basse du bombardement ou le sifflement de quelques boulets que lançait la batterie russe dite du Piton-Blanc, que les zouaves, à cause du peu de rectitude de son tir, avaient surnommée la batterie Gringalet.

Il y avait de la verve dans le jeu des acteurs, de la

bonne humeur dans la rédaction comme dans l'illustration des programmes pour annoncer le spectacle : Les *Saltimbanques,* les *Anglaises pour rire,* la *Chambre à deux lits, Ma Femme et mon Parapluie,* la *Permission de dix heures,* le *Vieux loup de mer,* etc., des chansonnettes improvisées par les lettrés du régiment et qui presque toutes prenaient les Russes et quelquefois les Anglais pour point de mire de leurs traits.

Du côté du public, c'était la franche gaîté. Chefs de tous rangs, même des plus élevés, sous-officiers, soldats, avant d'aller, peut-être pour la dernière fois, à la tranchée ou à l'assaut, venaient se faire un peu de bon sang au théâtre d'Inkerman, applaudir ses artistes et verser leur offrande dans le plateau que leur tendait un vieux zouave quêtant au profit des blessés.

Bellone cependant avait le pas sur *Thalie* et parfois le drame réel dominait la comédie.

Le 6 juin 1855, une affiche annonçait, pour le dimanche 10, une représentation extraordinaire au profit des blessés. Mais le 7, Pélissier fit enlever le Mamelon-Vert.

Comme conséquence de ce fait d'armes, la représentation annoncée dut être remise au lundi 11 juin, avec changement de spectacle, l'affiche indiquant que deux des artistes avaient été tués et plusieurs autres blessés pendant l'attaque du 7 au 8 juin.

La Courtine de Malakoff. — Ad. Yvon. (Fragment du Tableau. — Galeries de Versailles.)
Photographie de Bingham-Lecadre.

Au 18 juin 1855, le 2ᵉ régiment de zouaves réussit à s'avancer jusqu'à trois cents mètres des Batteries blanches. Là, le feu des Russes l'arrête : le colonel Saurin et le commandant Darbois sont grièvement blessés, presque tous les officiers mis hors de combat.

Croquis pour les Tableaux de Malakoff, par Ad. Yvon.

Du régiment entier, il ne reste debout que quatre cents hommes qui se cramponnent, pour ainsi dire, au rocher et ne font retraite que sur l'ordre du général en chef. Placés en réserve dans la batterie dite de Lancastre, les zouaves de la Garde impériale reçurent l'ordre de marcher au moment où l'attaque contre Malakoff faiblissait. La position était formidable, la défense énergique ; les zouaves savaient aller à une mort certaine. „Cependant, dit l'historien de l'Expédition de Crimée, jamais plus de fierté et de calme, plus mâle résolution ne furent empreints sur visages de soldats ; tous, quand ils passèrent devant le général en chef, avaient la tête haute et le cœur enflammé ; ils lui portèrent les armes comme jadis le gladiateur antique saluait César avant d'aller mourir." Ils avaient déjà franchi deux cent cinquante mètres sur un espace que balayaient les canons de la flotte russe, ceux du Grand-Redan et de Malakoff, quand un ordre vint les arrêter.

Le 16 août 1855, les Russes voulurent renouveler à Traktir la tentative, si malheureuse pour eux, d'Inkerman. Dès le début de la bataille, c'est le 3e de zouaves qui coopère au refoulement de la 3e division russe, et c'est le 2e régiment qui doit défendre le passage du pont de Traktir. Toutefois, que pouvaient faire douze cents hommes contre les huit mille de la division russe ? Mourir ! aurait répondu le héros antique. Ils firent mieux, ils résolurent de vaincre. Les commandants Darbois et Alpy se portent en avant et le second ayant été blessé mortellement, le commandant Darbois met son képi au bout de son épée pour rallier ses soldats dispersés. Le porte-aigle tombe, mais le drapeau relevé est tenu haut et fier au milieu des masses, qui pressent et serrent de tous côtés le

L'Assaut de Malakoff. — Ad. Yvon.
(Fragment du Tableau. — Galeries de Versailles.)
Photographie de Bingham-Lecadre.

L'Assaut de Malakoff. — Collineau entraînant les Zouaves. — Ad. Yvon.
(Fragment du Tableau. — Galeries de Versailles.) — Photographie de Bingham-Lecadre.

noyau des héros. Cependant, à bout de forces et leurs munitions s'épuisant, les zouaves reculaient sous l'écrasante pression du nombre, quand leur ancien colonel, devenu le général Cler, lance son cheval à leur rencontre :

— Où allez-vous, zouaves ! leur crie-t-il, c'est en avant qu'il faut marcher !

Et les clairons, sonnant une charge suprême, les débris des deux régiments se reforment et se massent sous le feu même de l'ennemi, pour s'élancer au plus épais de ses colonnes, les arrêter, les repousser, et enfin les précipiter du haut des berges dans la Tchernaïa. Au dernier acte de la bataille, une compagnie du même régiment eut l'adresse de simuler un mouvement de retraite, qui trompa une colonne russe, et l'amena se faire écraser de mitraille par une batterie française.

Dans cette bataille de Traktir, encore une page glorieuse pour la France, le 2ᵉ de zouaves eut onze officiers tués et trois cents hommes restés sur le champ de bataille. Depuis son arrivée en Crimée, ce régiment avait déjà perdu soixante officiers et onze cents hommes; après Traktir, il se trouva réduit à un effectif tel qu'il ne put prendre part au drame grandiose du 8 septembre, honneur réservé au 1ᵉʳ et au 3ᵉ de zouaves et au régiment de zouaves de la Garde impériale.

Ce jour-là, les zouaves furent partout. Ceux du 1er régiment, par ordre de la *Tête de Fer blanc*, surnom que la blancheur de ses cheveux et sa tenace volonté avait fait donner à Pélissier, formèrent tête de colonne de la division de Mac-Mahon, qui allait devenir si célèbre dans les fastes de l'armée française.

Dès qu'eut cessé le feu des huit cents canons qui tonnèrent contre Sébastopol, les clairons sonnèrent la charge aux notes stridentes et saccadées, et quand Mac-Mahon eut tiré son épée et crié : „En avant!" que l'éclair de son regard eut enflammé l'ardeur de ses soldats, une immense clameur lui répondit.

Enlevés par Collineau, leur bouillant colonel, les zouaves franchissent, au pas de course, l'intervalle des tranchées à Malakoff et pénètrent dans le fameux bastion. Là, assaillis de front par la fusillade, battus de flanc par les feux croisés de l'artillerie des forts et de la flotte, ils engagent ce combat homérique à coups de baïonnette et de crosse, de pierres et d'écouvillons, que le peintre Yvon a si bien rendu dans son tableau de la *Prise de Malakoff*.

Alors que les premiers assaillants succombaient, ou que, sous la vive et pressante impulsion de Mac-Mahon, dont le zouave Lihaut tenait le fanion de commandement, ils s'avançaient toujours plus avant, d'autres, franchissant les fossés, se cramponnant aux aspérités du sol sans attendre que les soldats du génie eussent facilité l'escalade, arrivaient sur les parapets et le sous-lieutenant Ozenfant plantait résolument, au sommet du bastion, le drapeau du 1er régiment.

Le combat s'engage autour de l'aigle, les assauts des Russes se succèdent sans relâche avec la frénésie que donnent le désespoir et le mépris de la mort; les défenseurs succombent; mais les morts font, à leur drapeau comme à leur général, un rempart infranchissable. Le chef de bataillon Lauër tombe frappé à mort en entraînant ses hommes; le colonel Collineau est blessé deux fois, mais il bande ses blessures et ne cesse de combattre. Quand les zouaves eurent pénétré dans Malakoff, rien ne put les en déloger, et chacun d'eux répéta le mot héroïque et désormais légendaire du général : *J'y suis, j'y reste.*

Le Maréchal de Mac-Mahon.

Il y eut dans cette meurtrière affaire des actes d'héroïsme sans nombre, des mots dignes des héros de l'antiquité. Un zouave, du nom de Chevalier, tombe blessé :

— Nous sommes vainqueurs! s'écrie-t-il, je meurs content.

Faure, caporal, a une jambe fracassée; il s'appuie sur son fusil et marche quand même vers l'ennemi. Le hasard le fait tomber dans un renfoncement où il trouve quatre Russes qu'il emmène prisonniers avec armes et bagages et en se faisant soutenir par eux. Le zouave Babillotte vient d'enlever un drapeau et, frappé en pleine poitrine, il retrouve encore assez de force pour se traîner jusqu'auprès de son lieutenant, à qui il remet son trophée. Un autre zouave, appelé Constant, surprend une dizaine de Russes qui défendent un dépôt de poudre; il tue l'officier, désarme les hommes et prévient ainsi une catastrophe.

Lorsque, voulant donner quelque repos aux soldats et assurer la conservation de sa conquête, le général en chef fit relever les troupes qui avaient porté le premier coup, c'est au 3e de zouaves que fut dévolue la tâche de continuer l'œuvre du premier. Il s'en acquitta avec une ardeur égale et un égal bonheur. En vain l'ennemi, connaissant toute la valeur de la position, veut-il la reprendre en y jetant par masses ses meilleures troupes admirablement commandées; en vain toutes les batteries de terre et de mer tonnent-elles contre Malakoff, la clef de Sébastopol ; en vain les bruits les plus sinistres circulent-ils que la tour, étant minée, va, d'un moment à l'autre, s'entr'ouvrir pour écraser à la fois vainqueurs et vaincus, les zouaves avaient juré d'y rester, et ils y restèrent. Et faut-il s'étonner de leur virile résolution, quand ils avaient au milieu d'eux un chef qui s'exposait comme le plus audacieux d'entre eux, et dont l'aspect arrachait à toute l'armée des cris d'admiration, et que le général en chef lui-même, fier et glorieux d'un tel lieutenant, saluait de cette exclamation : „Vraiment, on ne peut être plus beau au feu!..."

En même temps que le 3ᵉ de zouaves, les zouaves de la Garde impériale avaient été appelés par Mac-Mahon qui voulait avoir dans Malakoff une réserve inébranlable. Sous les ordres du colonel Jannin, les zouaves de la Garde impériale, en grande tenue, bravant les bordées de boulets, de bombes et de mitraille qui les déciment, mais serrant les rangs après chaque trouée, se portent à la gorge de l'ouvrage et brisent les dernières résistances des grenadiers russes que le désespoir exaspère. Une poudrière qui éclate les émotionne un instant, et avec eux les troupes enfermées dans Malakoff, mais le capitaine Irlande s'avance avec quatre compagnies et arrête le mouvement rétrograde.

La nuit du 8 septembre fut, on s'en souvient, une nuit d'angoisses. Pendant que les forts sautaient, que l'incendie dévorait la ville, les troupes, et parmi elles les zouaves, campèrent sur la position conquise et embusquées dans des trous à loup et des tranchées creusées en toute hâte, elles observèrent l'ennemi. La possession de Malakoff livrait Sébastopol, bientôt elle assura la paix.

Tandis que les débris des trois régiments de zouaves passaient encore en Crimée un hiver bien pénible, les zouaves de la Garde impériale, revenus en France, faisaient, en décembre 1855, leur entrée triomphale dans Paris. Les bravos des Parisiens, leurs acclamations frénétiques saluèrent en eux les représentants de ces zouaves qui venaient de remplir le monde du bruit de leur renommée.

L'Assaut de Malakoff. — Mac-Mahon au Sommet du Bastion. — Ad. Yvon.
(Fragment du Tableau. — Galeries de Versailles.) — Photographie de Bingham-Lecadre.

CHAPITRE VI

L'EXPÉDITION DE KABYLIE

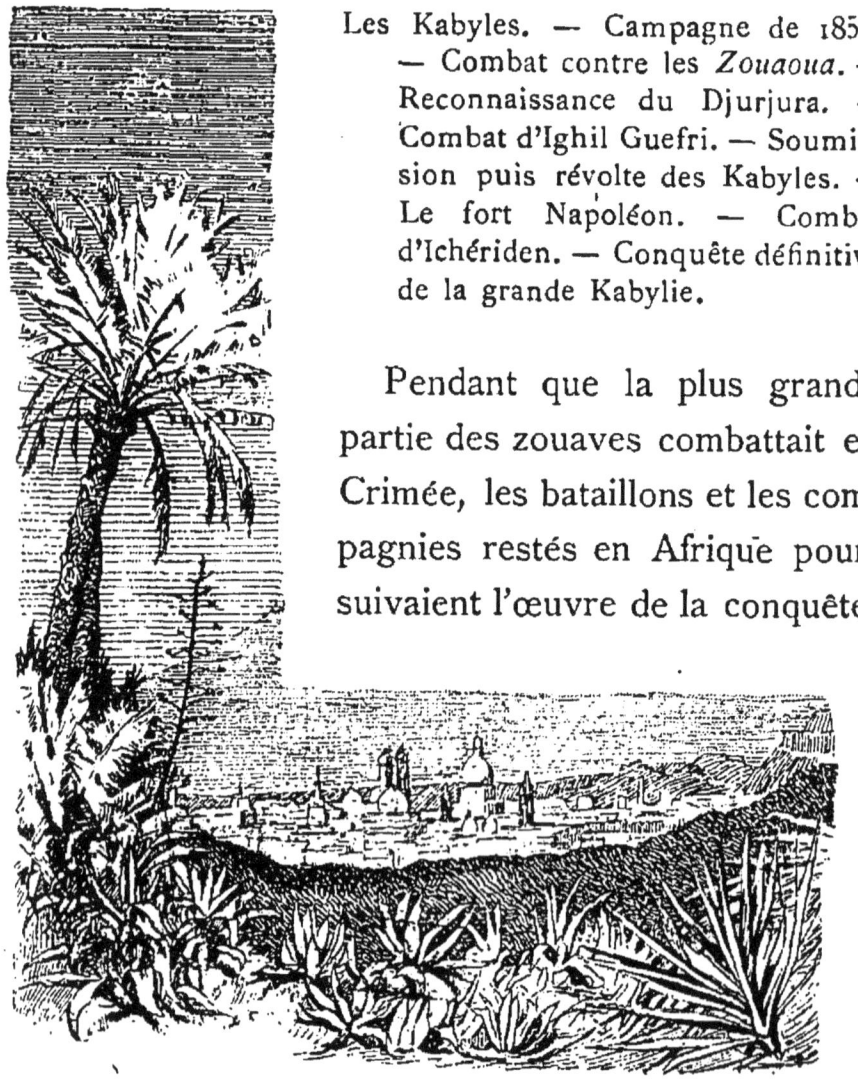

Les Kabyles. — Campagne de 1856. — Combat contre les *Zouaoua*. — Reconnaissance du Djurjura. — Combat d'Ighil Guefri. — Soumission puis révolte des Kabyles. — Le fort Napoléon. — Combat d'Ichériden. — Conquête définitive de la grande Kabylie.

Pendant que la plus grande partie des zouaves combattait en Crimée, les bataillons et les compagnies restés en Afrique poursuivaient l'œuvre de la conquête.

Sur les acteurs de cette guerre pénible et ignorée, ne s'attardaient pas les faveurs de la renommée. Le sentiment du devoir accompli restait la seule récompense promise au soldat. Sans doute les grandes lignes de la conquête étaient tirées, les travaux principaux achevés, mais restaient les points de détail, restait aussi la répression de ces soulèvements partiels, redoutables moins à cause de la puissance propre des adversaires que par la configuration du pays, par l'éloignement des centres habités, surtout par l'appui que donnait la nature aux habitants primitifs du sol.

Partout où se produisirent des révoltes, partout parurent les zouaves, et partout aussi les agresseurs eurent à se repentir de leur témérité.

En septembre 1856, deux compagnies de zouaves renouvelaient au bordj Dra-el-Mizan, chez les Kabyles Guetchoulas, contre des forces décuples, l'héroïque résistance qui avait illustré en 1840 les défenseurs de Mazagran. Cette résistance dura plusieurs jours; elle permit aux secours d'arriver et empêcha la révolte de s'étendre. Mais si les zouaves étaient de redoutables adversaires, les Guetchoulas, audacieux et braves, eux aussi, étaient, en outre, d'une opiniâtreté toute kabyle.

Vaincus sur un point, ils disparaissaient pour se montrer sur un autre, et s'ils ne pouvaient battre leurs ennemis, du moins espéraient-ils les fatiguer, les user, les amener à lâcher prise.

Le 16 septembre 1856, à la suite d'une série de combats heureux, le 1er régiment de zouaves que commande le colonel Collineau, de retour de Crimée, s'élance,

Fantasia.

malgré balles et quartiers de roc, pour enlever d'assaut le plateau fortifié de Mahalet-Ramdam, sur un contrefort du Djaboul. Le sergent de zouaves Landenwech plante le fanion de sa compagnie au sommet de la position où l'avait précédé le jeune lieutenant Chanoine, que le général Yusuf décora de sa propre croix sur le champ de bataille.

Le même mois, le 2e bataillon du 2e régiment de

zouaves combattait — curieux retour des choses humaines — la tribu kabyle des *zouaoua*, parmi laquelle avait été recruté, vingt-cinq ans auparavant, le premier corps de zouaves. Par son énergique résistance, cette tribu se montra digne de son ancien renom et ses adversaires furent longtemps sans pouvoir pénétrer dans le village. Mais, enlevés par le général Renault et aussi par leur lieutenant-colonel Blaise, les zouaves surmontent tous les obstacles, refoulent les Kabyles et incendient leurs demeures.

Pendant les campagnes dans le sud algérien, comme pendant les courses des colonnes dirigées en plein pays des montagnes kabyles, les zouaves, sous les ordres des généraux Yusuf et Renault, renouvelèrent les exploits des temps héroïques de la conquête algérienne.

Industrieux, braves, habiles à tirer parti de leur sol tourmenté pour y dissimuler leurs villages, pour y cacher leurs troupeaux et leurs récoltes, surtout pour s'y retrancher, les Kabyles virent toujours déjouées leurs ruses, comme leurs précautions, et leurs sommets en apparence inaccessibles, escaladés et enlevés par ces hommes qui, ayant pris Sébastopol, ne croyaient plus à l'impossible.

Les diverses expéditions de l'année 1856 n'avaient été pour ainsi dire qu'une reconnaissance du massif du Djurjura, un avertissement donné aux Kabyles d'avoir à respecter leur puissant voisin, le maître de la plaine, et de se soumettre à sa domination. Quelques tribus s'étaient décidées à accepter la loi du vainqueur, mais, dès que celui-ci avait regagné ses cantonnements, elles avaient eu honte de leur soumission et avaient méconnu leurs engagements.

Le temps des temporisations était passé. Au milieu de l'Algérie française ne pouvait plus demeurer un peuple hostile, trop dangereux par son caractère guerrier, et qui, de tout temps, depuis l'époque romaine sous le nom de Numides, et sous le régime maure sous celui de Kabyles, avait toujours tenu tête aux conquérants du pays.

L'expédition entreprise au printemps de 1857 eut pour programme, non plus la simple soumission des montagnards, mais la conquête de leur pays, la Grande Kabylie.

Pendant cette expédition, les zouaves firent, une fois de plus, l'admiration de l'armée. Rien ne put les arrêter, ni les mauvais temps, ni l'absence de routes, ni la résistance énergique et désespérée d'une population qui, pour défendre ses foyers et honorer sa chute, avait armé non seulement ses hommes, mais aussi ses femmes et ses enfants.

Le 24 mai, c'était aux acclamations des soldats de la colonne Deligny que, sous la fusillade et une grêle de pierres, les zouaves escaladaient les pentes qui devaient les conduire aux villages retranchés d'Ighil Guefri, et c'est avec l'entrain des meilleurs jours qu'enlevés par leurs officiers, les zouaves du 2ᵉ régiment prenaient pied sur les deux plateaux d'Afenson et

Vue des Monts Babors.

d'Imaïseren, occupés par la redoutable tribu des Beni-Raten.

Vaincue une première fois, cette tribu avait cessé la lutte et demandé l'*aman*. Mais elle recommença la guerre quand elle apprit qu'au lieu de procéder comme par le passé, c'est-à-dire de se retirer aussitôt après la soumission obtenue, les Français avaient l'intention d'établir dans la montagne des postes fortifiés et qu'ils commençaient en plein pays kabyle, les constructions, du fort Napoléon — le fort National actuel — relié à Souk-el-Arba par une route carrossable. On avait reconnu qu'avec des peuplades aussi valeureuses, aussi

Vue du Village de Bou-Médine, près Tlemcen.

fières que les Kabyles, il fallait non seulement vaincre les hommes, mais il fallait aussi dompter le sol en se ménageant les moyens d'un prompt retour en cas d'insurrection. En d'autres termes, il devenait nécessaire d'implanter dans le pays la force qui seule peut tenir soumises les populations guerrières du Djurjura.

C'est pourquoi, de soldats devenant terrassiers et maçons, les zouaves, comme leurs compagnons des autres corps, laissèrent un instant le fusil pour prendre le pic et la pioche. Chaque coup de l'outil qui entamait le roc, chaque coup de mine qui l'ébranlait et le désagrégeait frappait douloureusement au cœur des Kabyles. Cette prise de possession matérielle, visible, indéniable, raviva leurs regrets jusqu'au désespoir. Encore une fois ils ne voulurent pas s'avouer vaincus et, semblables aux guerriers anciens qui préféraient la mort à la servitude, ils en appelèrent à Dieu et à la poudre.

Les derniers héros de l'indépendance kabyle se groupèrent sur le plateau d'Ichériden, et pendant que les Français construisaient le fort Napoléon, eux, suivant l'exemple qui leur était donné, fortifiaient leurs positions d'une manière formidable.

Il fallut, pour les assiéger, toutes les ressources de l'art de la guerre; mais ni les boulets, ni les projectiles explosifs, ni les fusées de l'artillerie, pas même les coups de mine ne purent contraindre les défenseurs à se rendre. Les victimes étaient nombreuses, mais pas un homme ne parlait de capitulation.

La place ne pouvait succomber que de vive force.

Quant l'assaut fut résolu, les zouaves du 2ᵉ régiment firent partie d'une colonne qui, sous une grêle de balles et de pierres, tenta une première attaque contre la forteresse kabyle. Ce fut une chaude affaire. Tour à tour avançant ou reculant, les zouaves voient tomber le sous-lieutenant Piaux après le capitaine Duvivier, puis le porte-drapeau Vignau, d'autres officiers et un grand nombre de sous-officiers et de soldats. Ils n'en marchent pas moins, résolus à vaincre. Un instant la résistance est telle que, malgré les renforts qui sont venus les soutenir, les zouaves ne peuvent avancer. Bourbaki, commandant de la colonne d'attaque, est renversé de cheval; le général de Mac-Mahon, qui s'élance pour ranimer l'ardeur des zouaves, est blessé au milieu d'eux. L'exemple des chefs a cependant électrisé la troupe. Les zouaves reprennent haleine et s'avancent tantôt soutenant la colonne, tantôt soutenus par elle. De nouvelles compagnies du 2e régiment accourent pour livrer autant d'assauts qu'il y a de mamelons à gravir, de ravins à traverser, toujours sous le feu des assiégés qui tirent à couvert et n'ont à ce moment que peu à souffrir du feu de l'assaillant. Les deux partis connaissaient le caractère de la lutte.

La défaite c'était, d'un côté, la liberté à jamais perdue; de l'autre, la mort sans sursis; le Kabyle vainqueur étant de ceux qui ne pardonnent pas.

Après des efforts surhumains et des pertes cruelles, les zouaves parviennent aux lignes dernières de retranchements, repoussent leurs défenseurs, pénètrent dans l'enceinte où six mille Kabyles résistent avec l'énergie suprême. On combat corps à corps. Vain espoir — si de leur côté, il y eut un moment d'espoir — la fortune reste fidèle à la France et les derniers défenseurs survivants, épuisés et sans force, rendent les armes.

Sur le point le plus élevé du plateau d'Ichériden, le zouave Barthélemy, du 2ᵉ régiment, planta le drapeau de son corps.

Ce terrible et brillant combat, en amenant la soumission de la Grande Kabylie, termine la conquête de l'Algérie. Désormais les Kabyles acceptèrent l'arrêt de Dieu qui les faisait Français et, par la suite, on en vit beaucoup qui combattirent sous les couleurs françaises en prenant du service dans les régiments de tirailleurs indigènes et dans les escadrons de spahis.

CHAPITRE VII

CAMPAGNE D'ITALIE

Départ pour l'Italie. — Répartition des régiments. — Le 3ᵉ de Zouaves à Palestro. — L'*Incomparable*. — Victor-Emmanuel, caporal de Zouaves. — Les Zouaves de la Garde impériale à Magenta. — Mort du général Espinasse. — Le drapeau du 2ᵉ de Zouaves est décoré. — Le 1ᵉʳ de Zouaves à Marignan. — Attaque de la barricade et du cimetière. — Mort de Paulze d'Ivoy. — Solférino. — Attaque du cimetière. — Les Zouaves du 3ᵉ régiment. — Les Zouaves de la Garde impériale. — Le drapeau du 1ᵉʳ de Zouaves couronné par les dames de Gênes.

LORSQU'AU printemps de 1859, l'armée française franchit les Alpes pour aller soutenir le Piémont et la cause de l'indépendance italienne, les trois régiments de zouaves et celui des zouaves de la Garde impériale furent désignés pour passer en Italie. Dès le mois d'avril, ils partaient de leurs cantonnements d'Algérie : le 1ᵉʳ de zouaves, commandé par le colonel Paulze d'Ivoy, était attaché à la division Bazaine, du corps Baraguey-d'Hilliers, 3ᵉ division du 1ᵉʳ corps; le 2ᵉ régiment, colonel Tixier, fit partie de la division Espinasse, du corps de Mac-Mahon; le 3ᵉ régiment, colonel de Chabron, fut attaché à la division d'Autemarre, du corps que le prince Napoléon conduisit en Toscane. Enfin, les zouaves de la Garde impériale constituèrent une partie de la brigade que commandait l'ancien colonel du 2ᵉ de zouaves, le général Cler, 1ʳᵉ brigade de la division Mellinet.

C'est le 3ᵉ régiment de zouaves qui, ayant été attaché à l'armée piémontaise, montra, le premier, aux Autrichiens le légendaire uniforme des zouaves de Constantine, de l'Alma, d'Inkerman, de Malakoff. Dès que le retentissement lointain du canon annonce l'attaque, par les Autrichiens, du village de Palestro, position importante que les Piémontais leur ont enlevée la veille, le colonel de Chabron ordonne à son régiment de prendre les armes et le conduit rapidement au feu.

Malgré les difficultés d'un terrain des plus accidentés, coupé de fossés, de talus et de vignes, les zouaves prennent leur élan, se précipitent sur les tirailleurs autrichiens, les refoulent jusqu'au bord d'un canal profondément encaissé entre des berges presque verticales. Sous le feu même de l'ennemi, les zouaves veulent passer sur la rive opposée, mais les fuyards ayant amené avec eux tous les bateaux et toutes les barques, nos soldats cherchent un gué et le trouvent juste en face d'un plateau sur lequel les Autrichiens avaient établi une batterie de cinq pièces qui tiraient à mitraille.

„Allons! les zouaves! aux canons!..." leur crie le colonel de Chabron, et les intrépides soldats entrent dans l'eau boueuse, soulevant au-dessus de leur tête fusils et cartouchières; puis, arrivés au bord opposé, ils franchissent au pas de course les trois cents mètres qui les séparent de la batterie, tombent sur les canonniers à coups de baïonnette et de crosse, enlèvent les canons, puis, reprenant leur course, s'élancent au plus épais des rangs des fuyards, qu'ils acculent au bord de la Rittza-Boroza, petite rivière profonde, dans laquelle ils les précipitent. Telle fut la soudaineté de l'attaque, tel fut l'élan des assaillants, qu'une vingtaine de zouaves tombèrent dans l'eau en même temps que leurs ennemis et disparurent avec eux.

Cette affaire, si brillamment terminée, assura aux Piémontais la victoire de Palestro; elle valut au 3ᵉ régiment de zouaves l'honneur d'être qualifié d'*incomparable* dans la proclamation du roi Victor-Emmanuel à son armée, le 31 mai 1859, et aussi dans la lettre envoyée au colonel pour le remercier des cinq canons autrichiens que les zouaves avaient pris et conduits au camp du roi.

De son côté, le futur roi d'Italie s'était acquis parmi les zouaves la réputation du plus chevaleresque des héros.

Quelque grand que fût le danger, le roi Victor-Emmanuel, nouvel Henri IV décidé à conquérir un royaume, y courait haut la tête, assuré, intrépide, et, sans prendre garde aux prières de qui le suppliait de moins s'exposer, il pénétrait au plus fort de la mêlée.

Aussi, voulant lui offrir un témoignage de leur admiration, les zouaves du 3ᵉ proclamèrent le roi de Sardaigne brave parmi les braves, et renouvelant l'acte qui avait nommé caporal le jeune Bonaparte alors qu'il était général en chef de l'armée d'Italie, en 1796, ils offrirent à Victor-Emmanuel les galons de laine de caporal au 3ᵉ régiment de zouaves.

Palestro n'était que le premier acte de la campagne. Magenta lui succédait quelques jours après.

Pendant toute la première partie de la bataille, les zouaves de la Garde impériale, commandés par le colonel Guignard, avaient prêté une aide vigoureuse aux grenadiers qui luttaient et mouraient en avant du pont de Magenta. Quand la lutte, changeant de face, se dessina en notre faveur, ils s'avancèrent dans les faubourgs de Magenta, et, repoussés trois fois par des forces d'une supériorité numérique écrasante, ils revinrent trois fois à la charge pour se maintenir aux postes que leur avait assigné le général et maintenir le plan du combat, qui avait pour objectif la conservation, aux mains françaises, du pont de Magenta.

Ce jour, à jamais glorieux, les zouaves de la Garde impériale se battirent comme des lions, dit un témoin de leur héroïsme ; ils soutinrent dignement et élevèrent plus haut encore le renom des zouaves, justifiant ainsi, une fois de plus, l'honneur d'avoir été choisis pour être l'élite de ce corps d'élite.

Général Cler. — Reproduction du Buste de Charrier.
(Galerie de Versailles.)

A leur tête était tombé l'un des plus braves généraux de l'armée, le général Cler, ancien colonel du 2ᵉ de zouaves, qui périt en conduisant une charge. Magenta coûtait aux zouaves de la Garde 51 officiers, sous-officiers et soldats tués, parmi lesquels le commandant de Bellefonds, et 202 blessés ou disparus.

Le général de Mac-Mahon, en entendant la canonnade, avait immédiatement mis son corps d'armée dans la direction de la bataille, et, en habile tacticien, il avait su disposer ses troupes pour une marche rapide et sans encombrement. Ce jour-là, comme autrefois Desaix à Marengo, il eut le bonheur de soutenir la fortune de la France, et, plus heureux que son illustre devancier, il put assister à son propre triomphe.

Quand les zouaves se mirent en route, ils durent, malgré les vignes et les cultures, prendre à travers champs — les routes et les chemins restant réservés à l'artillerie et à la cavalerie — et ce fut à coups de sabre et de hache qu'ils se frayèrent un passage. Sur le champ de bataille, au moment où ils y arrivèrent, régnait une certaine émotion. Des demandes de renforts se succédaient sans cesse, et bientôt le commandant de l'artillerie du corps de Mac-Mahon vint annoncer qu'une de ses batteries était sérieusement menacée par un mouvement tournant des Autrichiens.

— „Sacs à terre et en avant!" crie alors Espinasse. „Allons, Castagny, lancez vos zouaves!..."

Et les zouaves, sans hésitation sous la fusillade et la mitraille, franchissent au pas de course une centaine de mètres, et arrivent au-devant des assaillants. Ceux-ci, appartenant au 9e régiment d'infanterie autrichienne, hésitent, s'arrêtent, s'ébranlent et reculent sous le premier choc de cette *furia francese*. Alors s'engage un violent combat corps à corps, pendant lequel le zouave Daurière pénètre jusqu'au drapeau du régiment autrichien, et, aidé de l'adjudant Savières, qui blesse d'un coup de sabre l'officier porte-drapeau, parvient à s'en rendre maître et à le conserver malgré les efforts désespérés de ses défenseurs. L'ennemi, cerné, défait, perd une centaine de tués et blessés, cinq cents prisonniers; le reste n'échappe à la mort ou à la captivité que par une rapide retraite.

Le mouvement de la colonne autrichienne brisé, le régiment parvient à pénétrer dans Magenta. Mais chaque maison de la ville est transformée en blockhaus, les cours et les jardins sont devenus autant de redoutes et de réduits qu'entourent des murs crénelés. Des fenêtres, dont les volets ne sont qu'entr'ouverts, des lucarnes et des meurtrières, les défenseurs font pleuvoir sur les assaillants des volées de balles et de mitraille qui déciment leurs rangs, en même temps que les boulets, obus et boîtes à balles enfilent les rues, les balayent dans leur longueur ou éclatent dans les airs. Il n'en faut pas moins vaincre, car la possession de Magenta doit assurer la victoire. Chaque maison est assiégée et prise d'assaut; cours et jardins sont envahis, et qui n'a pu fuir tombe sous les baïonnettes françaises. Le régiment voit de nombreux succès partiels couronner ses efforts, mais à quel prix!...

Mort du Général Espinasse.

C'est vers la fin de cette lutte acharnée, de cette bataille de rues, que fut frappé le général Espinasse, du corps de Mac-Mahon, et alors qu'il combattait à la tête du 2ᵉ régiment de zouaves entré l'un des premiers dans Magenta.

Il venait d'indiquer aux zouaves une maison appelée depuis la *Maison aux volets verts*, que défendaient cinq cents chasseurs tyroliens, et frappait de son sabre les volets du rez-de-chaussée en criant : „Entrons, entrons-là!" lorsqu'une balle vint le frapper au bras et aux reins. Il tourna un instant sur lui-même, puis s'affaissa.

Rien alors ne put arrêter la fureur des zouaves. La mort de leur chef excite en eux une ardeur nouvelle; malgré les balles et la mitraille ils arrachent, descellent, brisent persiennes et fenêtres, se précipitent à l'intérieur et font des malheureux Tyroliens un affreux carnage. Le général Espinasse eut, dans ces courts instants, de sanglantes funérailles.

Ce fut l'un des derniers épisodes de la bataille, et les zouaves du 2ᵉ régiment bivouaquèrent, la nuit du 4 au 5 juin 1859, dans les rues et les maisons qu'ils avaient emportées. Leur victoire leur coûtait 14 officiers, dont 2 tués; 266 sous-officiers, caporaux et soldats, dont 81 tués.

Le 19 juin, quinze jours après la bataille de Magenta, le 2ᵉ régiment de zouaves était tout entier rassemblé sur la place principale de Borgo Satallo. Il forma le carré, au centre duquel vint se placer le général devenu maréchal de Mac-Mahon. Le porte-drapeau s'avança, portant l'aigle du régiment.

Un décret venait de statuer que le drapeau de tout corps qui enlèverait un étendard à l'ennemi recevrait et porterait au sommet de sa hampe la croix de la Légion d'honneur.

Le drapeau du 2ᵉ de zouaves était le premier de l'armée d'Italie qui eût mérité cet honneur, et c'est de la main même de son général qu'il reçut sa décoration.

La décoration du drapeau était la récompense de la valeur collective; de nombreuses nominations dans l'ordre de la Légion d'honneur vinrent reconnaître les actions individuelles. C'est ainsi que le zouave Daurière, qui avait pris le drapeau autrichien, fut nommé chevalier de la Légion d'honneur; l'adjudant Savières reçut la médaille militaire ainsi que la femme Dégobert, cantinière du 2ᵉ de zouaves. Dévouée et courageuse, cette femme, déjà blessée en Crimée et en Afrique, s'était fait remarquer à Magenta par son empressement à relever et à secourir les blessés.

Seul, le 1ᵉʳ de zouaves n'avait pas encore combattu. Parti d'Afrique avec un effectif de près de 2800 hommes, il formait, avec le 33ᵉ et le 34ᵉ de ligne, la 1ʳᵉ brigade de la division Bazaine, du corps Baraguey-d'Hilliers. Il était arrivé à Gênes le 30 avril, avait pris les armes au bruit du canon de Montebello, pressé sa marche en entendant celui de Magenta; mais à Montebello comme à Palestro et à Magenta, on avait combattu sans lui. Les vieux zouaves grognaient, comme le constatent les annales du corps, en maudissant leur mauvaise chance; ils se promettaient de la faire payer à l'ennemi, capital et intérêt.

La fortune leur réservait une éclatante compensation.

Le 7 juin, ils avaient fait quatre lieues pour entrer à Milan avec l'armée victorieuse, quand, sur contre-ordre, ils durent contourner la ville et se diriger en toute hâte à trois lieues de Milan, au bourg de Melegnano, où les Autrichiens s'étaient fortement établis.

C'est au pas de course, et électrisé par une impatience guerrière, que le régiment, colonel Paulze d'Ivoy en tête, arrivait en face de ses adversaires. La position de ceux-ci était formidable.

Melegnano, gros bourg à quinze kilomètres au sud de la capitale lombarde, n'est autre que l'ancien Marignan, où, en 1515, François Ier remporta sur les Suisses la célèbre bataille *dite* des Géants. Les Autrichiens l'occupaient en force; ils avaient transformé chaque rue en place défensive, chaque maison en réduit, crénelé les murs, élevé des barricades, et, pour appuyer ce système, le cimetière entouré d'un mur épais et continu se trouvait constituer une première forteresse, le vieux château une seconde citadelle dominant la première.

C'est avec leur impétuosité ordinaire que les zouaves arrivèrent, à six heures du soir, pour commencer l'attaque.

— Les Autrichiens sont 20,000, leur avait-on dit.

— Tant mieux, avaient-ils répondu, plus grand sera leur nombre, plus éclatante sera la victoire!

Un feu nourri qui part de tous les côtés à la fois n'émotionne pas nos troupes, mais les rappelle à la prudence, et pendant que l'artillerie prépare l'attaque, les zouaves du 1er bataillon reçoivent mission d'enlever une barricade formée de troncs d'arbres et de madriers qui barre l'entrée de Melegnano. Ils s'avancent en tirailleurs, se glissent comme des panthères parmi les arbres et les vignes, les broussailles et les herbes, s'abritent et se dissimulent derrière les talus des fossés pour se rapprocher de l'ennemi. Quand, par leur feu bien dirigé, ils ont dégagé les abords, le 2e bataillon prend son élan, s'élance baïonnette en avant, et, sans s'arrêter aux volées de mitraille qui saluent son arrivée, resserrant les rangs que le boulet éclaircit, il dépasse une batterie de canons et attaque la barricade.

Rivalisant d'ardeur et de zèle, officiers et soldats disparaissent dans un épais nuage de poussière et de fumée. Alors que se dissipe ce nuage et quand les zouaves arrivent sur la crête de la barricade, l'artillerie autrichienne cesse le feu et les défenseurs de l'ouvrage sortent sur la route pour repousser plus aisément les assaillants. Leur premier rang est tout entier composé

Une Culbute, par Eugène Bellangé.

d'officiers qui, pour initier et encourager leurs soldats au combat à la baïonnette, ont pris chacun un fusil et se jettent les premiers au-devant des assaillants. Les compagnies autrichiennes sont électrisées par ce noble exemple; aussi le choc est-il plus terrible et plus sanglant. Les fusils se brisent, les baïonnettes se tordent, on se prend corps à corps, on lutte poitrine contre poitrine, mais, efforts impuissants, les zouaves emportent la barricade. Il faut maintenant se rendre maître du cimetière. Bien abrités par les gros murs de cet enclos et par les arbres des vergers environnants, les Autrichiens font subir aux zouaves des pertes cruelles.

Ceux-ci voient bien qu'il n'y a pas à reculer ; il faut vaincre, coûte que coûte, enlever la place ou y succomber. Pendant que des groupes de zouaves enfoncent les portes du cimetière à coups de solives manœuvrées comme des béliers, les autres, aidés de leurs camarades qui leur font la courte échelle, escaladent les murs et, arrivés à la crête, se laissent tomber au milieu des défenseurs, braves aussi, mais peu préparés à de tels procédés de combat.

L'intrépide colonel du 1er régiment de zouaves, celui qu'on appelait l'incomparable Paulze d'Ivoy, et que l'on s'accordait à considérer comme l'un de nos plus brillants généraux de l'avenir, excitait ses soldats de la voix, de l'épée et de l'exemple. Il surveillait l'action, arrêtant ou lançant ses hommes suivant les phases du combat, les ramenant vivement en avant chaque fois qu'un assaut de l'ennemi semblait les arrêter. Sous cette énergique impulsion et avec des soldats tels que les zouaves, comment douter du succès ? Assaillis une dernière fois, les défenseurs du cimetière sont obligés de céder, et leur forteresse est enfin occupée.

L'ennemi, en retraite, défend une ferme aux murs troués de meurtrières; elle est prise, non sans pertes cruelles; un pont jeté sur le Lembro joint l'une à l'autre les deux parties de la ville: il est enlevé et passé; puis la lutte s'engage dans la ville même: chaque maison devient l'objectif d'un siège en règle, d'une lutte effroyable, acharnée, sans merci, et bientôt les zouaves, entrés par une extrémité de Melegnano, rejoignent, au centre, les autres troupes de leur division.

Restait enfin le vieux château, dont les Autrichiens avaient fait leur citadelle, leur dernier réduit. De ses fenêtres comme d'autant de meurtrières partaient des feux plongeants qui balayaient le chemin conduisant à la voûte d'entrée. Entraînés par Paulze d'Ivoy, les zouaves débouchent tout à coup et s'engagent sous cette voûte, dont les portes n'ont pu être complétement fermées. Morts et blessés jonchent bientôt le terrain; mais au soldat tombé succède un soldat debout, et les zouaves opposent à la mort qui les frappe sans relâche une énergie que rien ne fera fléchir.

Pendant deux heures la lutte est incessante, le colonel est en tête de ses hommes, il les enflamme par son ardent courage, lorsqu'il est atteint d'une balle à la tête. Il meurt sur le champ de bataille, mais il a encore le temps de crier : „Camarades, veillez au drapeau!"

Zouaves en Marche.

Des renforts qui arrivent aux zouaves leur permettent enfin d'enlever la terrible position, et l'armée d'Italie compte un glorieux succès de plus. Mais ce succès, les zouaves l'avaient acheté bien cher: parmi

Clairon des Zouaves en Campagne, par Ed. Detaille.

les morts ils comptaient leur colonel, le commandant Rousseau tué auprès du colonel, 3 capitaines, 3 lieutenants, 3 sous-lieutenants; 22 officiers blessés, dont 3 grièvement; 124 sous-officiers, caporaux et soldats tués, et 495 blessés, c'est-à-dire qu'un cinquième environ de l'effectif avait été mis hors de combat.

Les zouaves du 1er régiment rendirent à leur malheureux chef les honneurs funèbres et envoyèrent son corps en France. M. Brincourt, lieutenant-colonel, prit le commandement du régiment, et le conserva quand il eut été nommé colonel, le 17 juin suivant.

Le 1er et le 2e de zouaves avaient pris avec leurs brigades respectives la marche en avant qui devait les conduire à une victoire nouvelle.

Le 23 juin 1859, le 1er régiment ayant marché en extrême avant-garde du corps Baraguey-d'Hilliers en suivant les crêtes des mamelons qui, de Castiglione — un nom célèbre dans les annales militaires — mènent au château et à la tour de Solférino, que sa position culminante au-dessus des plaines lombardes et vénitiennes a fait appeler l'Espionne de l'Italie, campa sur ces hauteurs dans la nuit du 23 au 24 juin.

Le 2e régiment, arrivé par la route du Mincio, avait contourné Castiglione pour aller bivouaquer au pied des mêmes mamelons, sauf le 3e bataillon, qui alla se poster sur une crête d'où il repoussa quelques escadrons de uhlans autrichiens. Si l'ennemi ne paraissait pas, on pressentait cependant sa présence; aussi le commandant Morand, du 3ᵉ bataillon, avait-il reçu mission, dans la matinée du 23 juin, de tenter en avant une reconnaissance sérieuse. Les zouaves s'avancèrent donc jusqu'à Solférino, et, plus heureux que l'observateur monté dans la nacelle d'un ballon captif, qui s'était élevé du camp même du 2ᵉ de zouaves, ils purent prendre contact avec l'ennemi et signaler quelques-uns de ses mouvements.

Le 24 juin, avant l'aube, le 2ᵉ régiment de zouaves, toujours placé en tête du corps Baraguey-d'Hilliers et alors en marche sur une seule colonne de Castiglione vers Cavriana, fut tout à coup assailli par le feu de tirailleurs autrichiens, postés dans une ferme appelée la Casa Marina. Ce fut là le début de l'une des grandes batailles du siècle.

Déployés en tirailleurs, les zouaves ripostent vivement, puis, d'après les ordres reçus du commandement en chef, les trois bataillons s'établissent en échelons prêts à former le carré, afin de se transformer en barricade vivante à l'épreuve de tous les assauts. Ils ont pour mission de fermer le vide existant entre le corps Baraguey-d'Hilliers et celui du général Niel, et, toute la journée, ils restent l'arme au bras, servant de point de mire au feu des Autrichiens, dont une batterie vient un moment se poser devant eux. Ils ne devaient bouger sous aucun prétexte, et ils ne bougèrent pas. S'il est héroïque de se lancer en avant, et, par des charges fiévreuses, d'enlever des batteries, le stoïcisme qui fait rester l'arme au bras sous le feu, sans riposter, sans fléchir, alors que tant de camarades tombent blessés ou mourants, soutenu par le seul sentiment du devoir, est également l'une des plus belles vertus militaires. Les zouaves du 2ᵉ régiment furent solides à l'égal des troupes les plus renommées par leur ténacité. Ils montrèrent qu'ils savaient obéir, quel que fût l'ordre donné, et, suivant la recommandation qui leur avait été faite dans une proclamation, ils se défièrent de leur trop grand élan, la seule chose que redoutaient leurs chefs; ils restèrent compacts et, quoi qu'il advînt, tinrent serrés leurs rangs que le boulet et l'obus ne cessaient d'éclaircir. Comme jadis les Russes de la Moskowa, les zouaves furent des bastions qu'il eût fallu détruire pour passer. Cette fois encore, le 2ᵉ régiment donna un exemple de cette merveilleuse souplesse, de cette étonnante facilité du corps à se plier à toutes les exigences de la guerre.

Le 1ᵉʳ régiment de zouaves était arrivé sur le champ de bataille vers trois heures du matin, son 1ᵉʳ bataillon se trouvant au pied même des hauteurs de Solférino que gardaient quinze mille Autrichiens. Un cimetière entouré de murs et transformé en réduit se trouvait dominé par une petite éminence derrière laquelle s'élevait le vieux château, puis la tour. C'était cette position à trois étages que le 2ᵉ de zouaves allait attaquer sur un point, tandis que d'autres régiments se préparaient à l'aborder sur les flancs.

Les difficultés étaient immenses, même elles paraissaient insurmontables, autant à cause du ravin qui bordait deux des côtés de cette forteresse et en fermaient l'accès, que par le flot sans cesse renouvelé et grossi de ses défenseurs. Mais, comme le disaient les vieux zouaves, rien ne pouvait ni ne devait plus étonner les *chacals*. Ils avaient vu mieux que cela. Ils s'élancent audacieusement à l'attaque du cimetière sous un ouragan de feu et de mitraille, sous une averse de balles. Six fois ils reviennent à la charge et six fois ils sont repoussés, quand enfin une septième tentative décide du succès en leur faveur. Puis, quand les Autrichiens, devant un grand mouvement tournant de la Garde impériale, purent craindre d'être absolument cernés, et commencèrent à battre en retraite, les efforts des zouaves redoublèrent pour prêter secours aux troupes qui tentaient de pénétrer dans le château et de s'emparer de la tour. A quatre heures du soir, la victoire était assurée; mais, à six heures, les régiments qui avaient soutenu la lutte pendant toute la journée, sans boire ni manger, sous une chaleur accablante de trente-quatre degrés, furent assaillis par un épouvantable orage.

Après avoir si vaillamment résisté aux hommes, il fallut tenir tête aux éléments, et se raidir contre les efforts d'un vent d'une violence telle que les hommes avaient peine à se tenir debout.

Cette journée coûtait au 1er régiment de zouaves deux capitaines, trois lieutenants et quatre sous-lieutenants tués; son colonel, M. Brincourt, était grièvement blessé, ainsi qu'un chef de bataillon et quatorze officiers; soixante-treize sous-officiers et soldats avaient été tués et cinq cent un étaient blessés. Le 2e régiment n'avait eu que quatre officiers blessés, trois hommes tués et cinquante-neuf blessés.

Envoyé en Toscane pour faire partie du corps que le prince Napoléon commandait, le 3e de zouaves avait cru pouvoir arriver sur les champs de bataille de la Lombardie à temps encore pour acquérir, lui aussi, une gloire nouvelle.

Parti de Plaisance, il avait parcouru la voie glorieuse et sacrée dont Mondovi, Marengo, Lodi, Arcole, Rivoli, Castiglione constituent les étapes immortelles de l'ancienne armée d'Italie; mais il n'arriva que le 26 juin, deux jours après la bataille.

Il pensait retrouver dans le quadrilatère autrichien

les travaux surhumains et les combats héroïques dont la Crimée avait été le théâtre, quand la conclusion de la paix vint l'arrêter sur la rive vénitienne du Mincio.

Appartenant à un corps essentiellement de réserve, les zouaves de la Garde impériale n'eurent guère qu'à se porter sur quelques points plus particulièrement menacés; ils formaient la réserve suprême de l'armée française, et la fortune, en favorisant nos armes, rendit leur concours à peu près inutile.

Il est facile de comprendre combien, après de telles actions, les zouaves furent populaires en Italie, comment ils furent accueillis à leur entrée dans les villes italiennes pendant leur marche de retour. Des rives du Mincio à Gênes et de Marseille à Paris, ce fut pour le 2e de zouaves et les zouaves de la Garde un triomphe sans fin terminé par une merveilleuse entrée dans Paris, le 14 août 1859.

L'Italie les avait acclamés comme des libérateurs, et quand le 1er de zouaves, resté dans la péninsule avec l'armée d'occupation, quitta Pavie, en octobre 1859, la population l'accompagna pendant une partie du chemin. A Gênes, au moment où il allait s'embarquer, les dames génoises attachèrent au drapeau une couronne de fleurs aux couleurs nationales italiennes.

Évoquant le souvenir de l'ancienne armée d'Italie, le poète avait dit :

> Ils passent tour à tour, dans leur rapide élan,
> De Crémone à Lodi, de Mantoue à Milan,
> Et répètent sans fin cette héroïque histoire,
> Où chaque nom de ville est un nom de victoire...

Les soldats de la jeune armée d'Italie avaient prouvé qu'ils étaient bien les fils des soldats d'Arcole et de Rivoli.

Route de Mexico.
Dessin de A. d'Otémar.

CHAPITRE VIII

AU MEXIQUE

Premier envoi au Mexique de quelques compagnies de Zouaves. — Premier siège de Puebla. — La retraite. — Les deux premiers régiments de Zouaves partent pour le Mexique. — Deuxième siège de Puebla. — Assaut et prise du fort de San Xavier. — Attaque d'un *quadre*. — Attaque du couvent de Santa-Anna. — Générosité d'Ortéga. — Combat de San Lorenzo. — Prise de Puebla. — Marche sur Mexico. — Guerre de guérillas. — L'héroïsme d'Estanzuela. — Mort du colonel Martin. — Rentrée à Durango. — Bataille de Jijilpam. — Dévouement du colonel Tourre. — Retour en France.

A l'époque où elle fut décidée, l'expédition du Mexique

n'était pas considérée comme une entreprise menaçant d'être laborieuse, et même quelques enthousiastes la traitaient d'avance de promenade militaire. On jugea cependant utile d'adjoindre des zouaves au petit corps d'armée avec lequel le général de Lorencez débarqua à la Vera-Cruz, au mois de février 1862. Ce premier contingent, un bataillon à six compagnies, fut extrait du 2ᵉ régiment de zouaves. Lorsque, abandonnés par leurs alliés, les Français durent quitter Orizaba, après rupture du traité de la Soledad, les zouaves eurent pour mission d'assurer l'enlèvement des malades et de protéger les longs convois de chariots et de cacolets cheminant sur des routes à peine tracées et sous un climat meurtrier.

Au mois d'avril recommençait la marche en avant, signalée, au début, par le brillant combat d'Aculcingo. Les Mexicains s'étaient établis sur un contrefort de la montagne des Cumbres, dans une position formidable que défendaient deux mille hommes avec dix-huit pièces de canon. En même temps que les chasseurs à pied, les zouaves gravissent des sentiers rocailleux sous un feu des plus vifs, repoussent les défenseurs à la baïonnette, les poursuivent, les culbutent, et en moins de trois heures arrivent au sommet de cette montagne élevée de six cents mètres et la couronnent après s'être rendus maîtres de l'artillerie mexicaine.

Assaut et Prise du Fort San Xavier. — Beaucé. (Galerie de Versailles.)

La victoire d'Aculcingo n'était que la première étape de la marche sur Puebla.

Clef du Mexique, la ville de Puebla était forte, bien armée, défendue par une garnison nombreuse. Par contre, le corps expéditionnaire français ne comptait que quelques milliers d'hommes. Le siège n'en fut pas moins résolu.

A peine venaient-ils de s'installer devant la place, que les zouaves étaient désignés pour former la tête d'une colonne qui, sous un feu nourri, devait gravir les pentes au sommet desquelles s'élevait le fort de Guadalupe. C'était une construction aux épaisses murailles, transformée en forteresse, crénelée et armée de dix canons. Bien que la faible artillerie française n'eût ouvert qu'une brèche insuffisante, les zouaves n'en furent pas moins lancés à l'assaut. Le combat s'engage, acharné des deux côtés, mais sans grand espoir de la part des assaillants. Quelles que soient leur valeur et leur volonté de vaincre, ils sont vraiment en trop petit nombre. En vain, ces braves soldats multiplient leurs attaques; en vain, ils s'ingénient pour pénétrer dans le couvent et même réussissent-ils à enfoncer une poterne, ils sont accablés, écrasés sous un feu meurtrier auquel il leur est impossible de répondre, leurs adversaires étant trop fortement retranchés et trop complètement couverts. Ils tombent, mais ne reculent pas, et, aux sommations réitérées de mettre bas les armes, répondent par le mot de leurs pères qui, à Waterloo, mouraient, mais ne se rendaient pas. Déjà les zouaves avaient subi des pertes cruelles, lorsque le général de Lorencez fit sonner la retraite, bientôt suivie du retour de l'armée française à Orizaba.

L'échec de l'armée française devant Puebla souleva l'enthousiasme des Mexicains. Chefs et soldats en éprouvèrent un sentiment de fierté dont l'exubérance se manifesta dans les journaux et surtout dans les harangues des généraux.

„La victoire des enfants de l'Anahuac sur les premiers soldats du monde" fut célébrée avec enthousiasme sur tout le territoire de la République.

„Les aigles françaises ont traversé les mers, disait un ordre du jour du général Berriozabal, pour venir déposer au pied du drapeau mexicain leurs lauriers de Sébastopol, de Magenta et de Solférino; vous avez combattu les premiers soldats de l'époque et vous êtes les premiers qui les ayez vaincus."

Pour les Mexicains, Puebla n'était rien moins que le Saragosse de leur patrie; les Français, que poursuivaient ces clameurs, déçus, mais non découragés, s'éloignaient de Puebla en se souvenant de Constantine.

L'échec de Puebla démontrait qu'au Mexique on

allait avoir à combattre ce vieux sang espagnol, jadis si tenace pendant sa lutte contre les généraux de Napoléon; on se trouvait devant un redoutable inconnu.

Bientôt la division Lorencez, qui avait commencé la guerre, devint une armée placée sous les ordres du général Forey, depuis maréchal de France. Le contingent de zouaves fut augmenté dans une très large proportion et les trois régiments fournirent chacun deux bataillons.

Les bataillons du 1er régiment de zouaves firent partie de la brigade Neigre, et ceux du 3e, de la brigade Castagny, toutes deux de la division Bazaine.

Les bataillons du 2e régiment de zouaves furent attachés à la brigade Douay, devenue brigade Lhériller, quand le général Douay eut pris le commandement de la 2e division en remplacement du général de Lorencez, rappelé en France.

Dès les premières semaines de leur arrivée au Mexique, les zouaves, comme d'ailleurs les autres troupes de toutes armes, eurent à payer un lourd tribut au climat des terres chaudes et à la terrible fièvre jaune. Ils n'en commencèrent pas moins cette fastidieuse et fatigante guerre de marches et de contre-marches, de protection de convois, de luttes journalières contre des groupes de partisans qui, de jour et de nuit, sans trêve ni relâche, harcelaient les troupes françaises.

Au mois de mars 1863 commençait la seconde marche sur Puebla, dont les défenses déjà fortes avaient encore été augmentées et complétées. ...

Les zouaves coopèrent aux premiers travaux d'approche, à l'établissement des parallèles, à la construction des batteries, et, le 29 mars, ils étaient désignés pour prendre la tête d'une colonne d'assaut à lancer contre le fort de San Xavier. Cet ouvrage se composait d'une enceinte continue enfermant le couvent de San Xavier et un pénitencier. Très solidement construits, ces deux édifices étaient percés d'embrasures et de meurtrières et armés d'artillerie. Lorsque le canon français eut préparé l'attaque, la première colonne d'assaut, en grande partie composée de zouaves, sort des tranchées. Enlevés par leur commandant Gautrelet, les zouaves arrivent au pas de course au sommet de la brèche, couronnent l'amoncellement de décombres et, par un élan nouveau, pénètrent dans l'enceinte.

Surpris d'une telle audace, les défenseurs reculent; mais braves, eux aussi, et ayant conscience de l'importance de la position, ils accueillent leurs adversaires par une fusillade extrêmement vive que viennent par moments accentuer les décharges de mitraille. Mais dès que les zouaves sont entrés dans la place, rien ne peut briser leur volonté d'y rester, ni les feux plongeants, ni la poussée d'une réserve de deux mille hommes. Là, comme à Sébastopol, les actes particuliers d'héroïsme se perdent dans l'héroïsme de tous. Le zouave Durand, blessé, se jette sur un canon, tue un servant et pendant que ses camarades pourchassent les artilleurs, il tourne la pièce contre l'ennemi. Les zouaves Tessière et Chiron enlèvent chacun un fanion. Le capitaine Escourrous est blessé une première fois, il combat quand même et se fait tuer au milieu de ses soldats. Enfin, après une lutte corps à corps, une chasse à l'homme poursuivie sans merci d'étage en étage, de chambre en chambre dans le pénitencier, les défenseurs du fort se résignent à capituler.

Ce premier succès était important, mais il démontrait avec quelle résolution les défenseurs de Puebla entendaient se défendre.

Dans la nuit du 2 au 3 avril 1863, deux compagnies de zouaves attaquaient une barricade, mais sans succès. Le 5 avril, six compagnies du 1er régiment pénètrent dans le corps de place par une brèche et attaquent un *quadre* ou pâté de maisons que couronnent des terrasses au lieu de toits.

Quand ils eurent franchi les premiers obstacles, les zouaves virent combien leur entreprise était périlleuse, mais ils crurent que, cette fois encore, l'audace aurait raison de la prudence et ils eurent l'espoir que, dans ce jeu de la bataille, un coup heureux leur livrerait Puebla. Le lieutenant Galland et trente hommes sont lancés en avant-garde. Presque tous tombent sous un

Défense du Lieutenant Galland. — Dessin de Claris.

feu de mitraille et la troupe qui les suit recule. Le capitaine Michelon et le lieutenant Avêque, suivant l'exemple que leur donne le commandant Carteret, arrêtent ce mouvement, entraînent leurs hommes et essayent de tourner l'obstacle. Le capitaine Trécourt est tué, le lieutenant blessé et les soldats, refoulés entre deux quadres, dans une espèce de couloir, sont abattus par la fusillade et la mitraille. Retranché dans la chambre d'une maison enlevée au début, le lieutenant Galland réunit quelques-uns des zouaves survivants et organise la défense; cerné et affamé, il refuse de se rendre. Mais alors les défenseurs l'attaquent par le plafond qu'ils démolissent et par l'incendie qu'ils allument, et c'est seulement quand la fumée commence à l'étouffer que cette poignée de braves consent à s'avouer vaincue. Si les Mexicains avaient écrasé les zouaves, ils avaient admiré leur vaillance; aussi, en témoignage d'estime, le général mexicain refusa-t-il de prendre le sabre que lui remettait le lieutenant Galland.

Le combat du 5 avril était un échec que ne vint pas suffisamment réparer un léger succès obtenu par les zouaves le 14 avril, à Atlisco, en repoussant une division de secours commandée par le général mexicain Comonfort. Sans trop peser sur leur moral, cet échec les avait cependant impressionnés; aussi attendaient-ils avec impatience l'occasion de le réparer.

Le 25 avril, à la suite d'un coup de mine, un pan de mur s'écroule et découvre le couvent de Santa Inès, l'une des citadelles de Puebla, grand bâtiment aux toits en terrasse, aux murs épais et crénelés, flanqués de retranchements étagés, fermé sur certains points par des grilles que le boulet n'avait pu rompre et de filets en cordes de cuir tendus sur des pieux épointés. Tel était l'ensemble des défenses sur lequel l'artillerie ouvrit un feu violent, qu'elle soutint pendant trois heures malgré les balles, les biscaïens et la mitraille que lui lançaient les assiégés. L'œuvre de destruction jugée suffisante et une dernière salve tirée, deux colonnes de zouaves sont lancées par le général de Castagny. Pendant qu'elles s'ébranlent, deux mille Mexicains couvrent les terrasses, couronnent les murailles, se pressent aux fenêtres, s'abritent derrière les retranchements pour concentrer leur feu sur l'unique passage, un étroit espace, que doivent parcourir les zouaves. L'une des colonnes atteint la grille, l'autre la tourne, mais, au moment d'arriver aux murs du couvent, toutes les deux s'arrêtent sous les coups de leurs adversaires sans plus pouvoir avancer. On lutte, on essaye de tenir, mais sans résultat, et quand la retraite est sonnée, quelques officiers et une centaine d'hommes cernés dans un dédale de ruelles restent au pouvoir de l'ennemi, qui admire leur courage. Ils ont combattu comme des lions, disait le rapport du général Ortéga, qui donna des ordres pour traiter les prisonniers avec les plus grands égards.

L'opiniâtre résistance des défenseurs de Puebla, non seulement faisait traîner le siège en longueur, mais aussi donnait au général Comonfort le temps de réunir une armée qui vint s'établir et se fortifier à quelques lieues de Puebla avec l'espoir de tenter une diversion en faveur de la place. Chargé d'observer les mouvements de Comonfort, le général Bazaine se résolut à l'attaquer, le 8 mai 1863, avec une petite colonne dont faisait partie un bataillon du 3e de zouaves. La position des Mexicains était très forte ; six ou sept mille hommes s'étaient retranchés dans le bourg de San Lorenzo, transformé en réduit garni d'artillerie. Lorsqu'il eut pris ses dispositions, le général Bazaine donna le signal de l'attaque et, l'arme sur l'épaule, les zouaves s'avancèrent contre les ouvrages de San Lorenzo. Le combat s'engage sur la lisière et dans les rues de la ville ; les Mexicains se défendent bravement, les fantassins se font tuer sur leurs barricades, les artilleurs sur leurs pièces et ce n'est que pas à pas et maison par maison qu'ils reculent. Mais toutes les défenses sont successivement enlevées ; le sous-lieutenant Henry s'empare d'un drapeau ; le zouave Stern, blessé, lutte avec un officier mexicain et enlève un second étendard. L'ennemi, démoralisé, prend la fuite en entraînant son général. Deux drapeaux ayant été pris à l'ennemi par un officier et par un soldat du 3e de zouaves, un décret impérial conféra à l'aigle du régiment la croix d'honneur qu'il porte depuis au sommet de sa hampe.

Le brillant fait d'armes de San Lorenzo, dû en grande partie à l'énergie des zouaves, fit perdre aux défenseurs de Puebla l'espoir d'être secourus; aussi, quelques jours plus tard, jugeant la résistance inutile, la place capitulait. La part si large que les zouaves avaient prise à la conquête de la ville leur valut l'honneur d'en former la garnison. Une partie s'y établit,

Types de Guerriers mexicains.

tandis que l'autre se dirigeait avec l'armée sur Mexico, où les Français entrèrent le 10 juin 1863.

La première période de la guerre du Mexique était terminée; la seconde allait commencer, guerre de surprises et d'escarmouches, guerre de marches et de contremarches, soutenue par des contingents fidèles aux chefs nationaux ou par des partis de guérillas dont les intentions n'étaient pas bien nettes. Sur certains

L'Attaque de la Diligence sur la Route de Puebla.

points, la guerre prit ce caractère particulier d'animosité et de mesures impitoyables qui signale presque toujours la lutte contre un conquérant du sol national. Mais, quelle qu'elle fût, cette guerre n'avait rien qui dût ou qui pût impressionner les zouaves, préparés par leur passé à la guerre de partisans, et qui savaient que, dans cette sorte de lutte, il ne faut plus trop compter sur les prescriptions ordinaires du droit des gens.

La capitale occupée, les colonnes rayonnèrent sur l'immense territoire du Mexique. L'une d'elles, qui comptait dans son effectif huit compagnies de zouaves du 2ᵉ régiment, sous les ordres du colonel Mangin, enlevait, le 10 juillet 1863, le village de Santiago, défendu par le chef de bande Romero, et achevait la destruction de l'ennemi en le poursuivant sans trêve ni merci dans les montagnes, par des chemins défoncés et sous une pluie torrentielle.

Le 24 août 1863, les zouaves remportaient un succès à San Juan de Llanos; le 15 septembre, un combat très vif leur livrait la ville de Xocapoaxtla, et, partie d'une colonne lancée à la poursuite du général Urrago, ils contribuaient à prendre à ce chef un convoi de munitions et de poudre, à le battre à Sirosto et à le forcer de détruire lui-même le reste des approvisionnements qu'il escortait.

Bon nombre de partisans mexicains étaient de braves et hardis cavaliers, connaissant bien le pays, maniant le lasso avec dextérité: ils étonnèrent plus d'une fois les troupes françaises. Mais, s'instruisant bien vite dans la manière de combattre de ces adversaires, les zouaves furent rarement surpris. Le 1er août 1864, au combat de Candelaria, les zouaves devaient, pour atteindre l'ennemi, se frayer un chemin à travers les lianes d'une forêt marécageuse et combattre sous une chaleur qui aggravait les blessures, quand elle ne les rendait pas mortelles.

Le 5 du même mois, le 2e bataillon du 3e de zouaves, sous les ordres du colonel Tourre, attaquait, au col de la Candelaria, les 800 hommes du chef de bande Ugalde. Après un enlèvement plein d'entrain de deux lignes d'abatis d'arbres barrant les chemins, une troisième mieux défendue résistait avec succès lorsque les zouaves, se frayant à coups de sabre un passage dans les lianes, escaladèrent les pentes très raides de la montagne, en couronnèrent le sommet et, tournant l'ennemi, le jetèrent dans les ravins.

Le 9 août, à Coculo, sous les ordres du colonel Clinchamp, ces soldats infatigables battaient un fort contingent mexicain et préludaient, par ce fait d'armes, à une série nouvelle d'actions brillantes.

La lutte, en effet, ne devait pas se borner toujours à

de simples escarmouches, à des rencontres de partis peu considérables. Parfois les combats prirent d'autres proportions.

Le 21 septembre 1864, le colonel Martin, chef d'une colonne de six cents hommes environ, parmi lesquels

Mort du Colonel Martin.

dominaient les zouaves, rencontre à Estanzuela le corps d'armée du général Ortéga, fort de 3500 fantassins, de 700 cavaliers, de 20 pièces de canon. Attaquer dans ces conditions était une folie. Pourtant le colonel Martin n'hésite pas. Après quelques décharges de deux petits obusiers, son unique artillerie, il se décide à aborder l'ennemi. Lui-même prend la tête de ses troupes, s'avance à découvert, mais presque aussitôt un boulet le renverse.

Sa mort exalte le courage des zouaves, qui veulent venger dignement leur chef. Sous la conduite du commandant Japy, ils arrivent, en dépit de la mitraille, au pied de la colline du Cerro de Majoma, que défendent onze pièces de canon, pénètrent dans la masse des défenseurs, s'y perdent, s'y démènent comme autant de démons, pendant que les lieutenants Allard et Pierron, arrivant jusqu'à la batterie, se jettent sur les canonniers et les massacrent.

En vain, le lieutenant Tramond, que ses soldats ont toujours vu à leur tête, tombe mortellement frappé; en vain les lieutenants Brissaud, Pierron et Goëdorp sont-ils blessés, rien n'arrête l'élan des troupes et c'est au pas de course que les canons sont enlevés et immédiatement retournés contre l'ennemi. Désespéré de reculer devant ce noyau d'hommes, Ortéga harangue ses troupes, les presse, les ramène, leur demande de tenir quelques minutes encore. Dociles à sa voix, les soldats mexicains s'arrêtent dans leur fuite, se raffermissent, dépassent la batterie perdue. Mais cet effort suprême demeure impuissant. Enlevés de nouveau par le commandant Japy et soutenus par une compagnie de chasseurs à pied, les zouaves refoulent une dernière fois l'ennemi et le forcent à la retraite.

Quatre fanions et vingt pièces de canon restaient comme trophées du combat d'Estanzuela.

Quand la colonne Japy rentra à Durango, le 26 septembre, ce fut en triomphe. Ortéga avait menacé la ville de la punir de sa soumission au gouvernement de l'empereur Maximilien, mais la victoire des six cents Français avait jeté au vent cette menace; aussi la reconnaissance de la population fut-elle ce qu'elle est sous les tropiques, chaude, bruyante, délirante. Les dames de la ville allèrent au-devant des vainqueurs en leur jetant des bouquets de fleurs attachées avec des rubans sur lesquels on lisait : „Reconnaissance de Durango", puis elles recueillirent et soignèrent les blessés.

Le 30 octobre 1864, une compagnie de cinquante zouaves rencontre un contingent mexicain et lui prend un canon. Dans la nuit du 16 au 17 novembre, des éclaireurs zouaves pénètrent dans le camp du général Arteaga et y sèment une effroyable panique, le prélude d'une sanglante défaite. Le 22 novembre, en effet, le colonel Clinchamp, qui commandait à cinq compagnies de zouaves et à quatre cents artilleurs, chasseurs à cheval et soldats du génie, en tout un millier d'hommes, rejoint l'armée d'Arteaga et l'aborde, bien qu'elle soit forte de quatre à cinq mille hommes.

Le bruit du récent combat d'Estanzuela fit-il pressentir aux Mexicains le sort qui les attendait ? leur moral fut-il ébranlé par l'idée d'avoir à combattre ces redoutables soldats que le Mexique avait appris à craindre et à admirer ? Toujours est-il que les premières lignes mexicaines furent rompues, qu'elles s'ouvrirent devant la charge du capitaine Payan et que l'avant-garde fut culbutée. Le capitaine Frélaut et ses zouaves s'élancent par la brèche ouverte devant eux et s'enfoncent comme un coin dans le centre de cette masse d'hommes épouvantés. On combat corps à corps, on lutte à coups de sabre, de baïonnette, de revolver. Des combats sans merci s'engagent contre des groupes qui ont réussi un moment à cerner quelques détachements, mais tout cède devant cette audace que justifie une rare énergie, devant cette volonté, devant cette furie de vaincre. Ce jour-là, sous le dôme d'or des Invalides, l'ombre de Saint-Arnaud dut tressaillir : ses zouaves étaient toujours les premiers soldats du monde.

Colonel Tourre.

Ce combat ou plutôt cette bataille de Jijilpam — puisque l'on appelle communément bataille toute action militaire dans laquelle s'engagent les trois armes, infanterie, cavalerie et artillerie — valut à la petite armée un drapeau, dix fanions, neuf canons, onze cents armes diverses, et coûta à l'ennemi deux généraux et quatre cents hommes tués, sans compter un grand nombre de prisonniers et de blessés.

Le 10 janvier 1865, au siège d'Oajaca, quelques compagnies du 3e de zouaves repoussaient une sortie de la garnison que commandait le général mexicain Porfirio Diaz. Un mois après, celui-ci se rendait, ainsi que ses officiers, à la 4e compagnie du 2e bataillon du 3e de zouaves. Le 28 janvier suivant, une seule compagnie répétait contre Rojas les exploits d'Estanzuela et de Jijilpam.

Rojas était un chef de bande qui n'avait jamais voulu se soumettre à aucun des gouvernements nationaux du Mexique et encore moins au gouvernement impérial établi par les Français. Il attaquait indifféremment amis et ennemis, Mexicains et Français. Atteint par une compagnie de zouaves au rio Potrerillas, Rojas fut tué et toute sa bande mise en pleine déroute, en abandonnant à ses vainqueurs un drapeau, un canon, quatre cents mulets, des armes et tout le butin que lui avait procuré le pillage.

Ce n'était pas seulement par des traits si nombreux de bouillante valeur que devait se caractériser la légende mexicaine des zouaves. Mais des traits d'héroïsme, parmi lesquels celui qui coûta la vie au colonel Tourre, devaient en quelque sorte la compléter.

Dans la nuit du 3 au 4 mai 1865, un incendie éclatait à Mexico, dans un groupe de maisons : leurs habitants et quelques zouaves se trouvaient en grand péril. N'écoutant que son courage, le colonel Tourre pénètre dans les bâtiments en flammes, arrache quelques victimes, mais suffoqué par la fumée, il succombe, malgré le dévouement du clairon Schleinke, qui l'a suivi et meurt à côté de lui.

Depuis les attaques de Puebla, les zouaves n'avaient subi aucun revers.

En rase campagne ou dans les montagnes, aucun adversaire n'avait pu leur résister, mais en février 1865, ils eurent à essuyer un échec peu grave, il est vrai, lorsqu'ils voulurent sans artillerie pénétrer de force dans la ville de Los Reyes. La revanche, heureusement, ne se fit pas attendre : elle fut prise à Valle San Iago par deux compagnies, dont l'énergie contribua à sauver cette ville d'une attaque du chef dissident Pueblista.

Le dernier fait d'armes de quelque importance auquel les zouaves prirent part est la défaite à la

Hacienda de Custodia des quatre cents cavaliers du chef mexicain Espinosa. Pour le joindre, la colonne volante avait franchi pendant le premier jour de marche, et sous un ciel de feu, cinquante-six kilomètres et le lendemain quarante-huit.

CHAPITRE IX

LES ZOUAVES PENDANT LA GUERRE CONTRE L'ALLEMAGNE

Les Zouaves à l'armée du Rhin. — Bataille de Reichshoffen. — Solide résistance des Zouaves. — Effort suprême de concert avec les Cuirassiers. — La retraite sur Châlons. — Reconstitution des régiments. — Sedan. — Le faubourg de Balan. — Bazeilles. — Le drapeau du 1er de Zouaves. — La captivité.

RIEN ne doit porter à diminuer l'éclat des victoires de la Prusse : nous avons été vaincus, tel est le fait qu'il faut accepter en gens de cœur. Mais sans discuter cette opinion, au moins singulière, qui fait remonter à l'influence du maître d'école le triomphe des armées prussiennes, il est permis de penser que les généraux allemands devaient avoir une bien haute opinion des bataillons français, notamment des zouaves, puisque tous leurs efforts ont tendu à ne pas laisser aborder leurs troupes par de tels soldats. En effet, pendant cette guerre de 1870-1871, la mauvaise fortune des zouaves fut constante, car c'est bien rarement qu'ils purent voir face à face leurs adversaires.

L'artillerie allemande a pu détruire les zouaves à distance, elle a laissé entière la question de savoir ce qui serait advenu si des régiments prussiens ou bavarois avaient eu à soutenir leurs assauts.

Les trois régiments de zouaves de l'armée d'Afrique furent détachés au premier corps de l'armée du Rhin, celui que commandait le maréchal de Mac-Mahon, qui porta les premiers coups et soutint les premiers chocs.

Le 6 août 1870, de grand matin, lorsque retentit le canon, le 1er régiment de zouaves, bivouaquant sur la lisière de la forêt de Neuwiller, près de Reichshoffen, reçoit l'ordre de chasser une division bavaroise qui se tenait cachée sous les taillis. Les Bavarois étaient très supérieurs en nombre ; la fumée de leur fusillade enveloppait d'un nuage épais la lisière du bois. Les capitaines Gœpp et Seupel prennent la tête des tirailleurs du 3e bataillon, et malgré la vivacité du feu, pénètrent dans la forêt. C'est à peine s'ils peuvent entrevoir l'ennemi, car, sans plus attendre, les Bavarois jugent prudent de faire une prompte retraite.

Les résultats des premières attaques furent pris pour des succès. Mais l'éclipse des Bavarois était une feinte, car c'était l'exécution d'une manœuvre tactique qui devait se poursuivre durant toute la journée. Vers midi, les armées prussiennes, pensant avoir fatigué le petit corps français fort de vingt-huit à trente mille hommes, reprenaient l'offensive avec des forces quintuples — environ cent quarante mille combattants — débordaient de toutes parts, pendant que leur artillerie, très nombreuse, faisait pleuvoir sur les divisions de Mac-Mahon un ouragan d'obus et de mitraille.

La lutte s'étend alors et se développe du côté du bois de Niederwald qu'occupe le 3ᵉ de zouaves. Après le combat de Wissembourg, ce régiment avait rétrogradé de Haguenau sur les hauteurs de Gunstett et avait reçu mission de prendre et de garder le bois de Niederwald. Les Prussiens, qui voulaient cette position, avaient le 6 août, de grand matin, cherché à s'en rendre maîtres, mais sans pouvoir y réussir. Vers le milieu du jour, alors qu'ils reçoivent des renforts, ils renouvellent leur tentative.

La grand'garde du 3ᵉ de zouaves, que commande le capitaine Ravier, résiste à l'attaque, rétrograde faisant face à l'ennemi, puis s'arrête, le laisse s'approcher jusqu'à deux cents mètres et le disperse sous un feu nourri.

L'afflux des renforts ne cessant, le régiment entier se trouve aux prises avec des masses ennemies excessivement nombreuses, qui peuvent subir des pertes énormes sans pour cela se trouver trop affaiblies. Le bois est enlevé malgré la résistance des zouaves dispersés en tirailleurs. Ceux-ci reviennent à la charge et, sous un feu violent d'artillerie, reprennent la position. Leurs coups deviennent heureux : le capitaine Corps, dissimulant sa marche, sort du bois, s'approche d'une colonne allemande, la charge avec impétuosité et la disperse après lui avoir fait subir des pertes sérieuses.

Enhardis par ce premier résultat et, continuant leur route, les zouaves attaquent un moulin sur les bords du Sauerbach et l'enlèvent d'assaut. Ils croient tenir la victoire, aussi se préparent-ils à marcher de l'avant, pour se lancer à la poursuite de l'ennemi. Déjà, le lieutenant de Saint-Upery, agitant son képi à la pointe de son sabre, enlève ses troupes pour donner l'assaut à la tour de Gunstett, quand de nouveaux adversaires se dressent devant elles.

La lutte sur ce point devient alors effroyable, les valeureux zouaves sont attaqués, harcelés, assiégés de plusieurs côtés à la fois ; sur une immense étendue, les balles et les obus les déciment ; l'ennemi habilement dissimulé les accable à distance ; mais le 3ᵉ régiment de zouaves est d'autant plus ferme à son poste, d'autant plus tenace qu'il connaît l'importance de sa mission et sait que la perte du bois peut entraîner la ruine de la division du général Lartigue, dont il fait

La Défense du Drapeau.

partie. Le capitaine Mascureau est tué à la tête de sa compagnie et ses soldats faiblissent. Hurrah! s'écrient les Prussiens, fiers d'avoir fait reculer ces fameux zouaves... Mais le lieutenant Bardol, qui s'aperçoit de ce mouvement d'oscillation, ramène ses zouaves et venge la mort de son chef. Au moment le plus vif du combat, le commandant Pariset tombe frappé à mort;

le lieutenant-colonel Deshorties est blessé mortellement ; presque tous les officiers sont atteints, mais aucun ne déserte son poste et on voit le capitaine Jacquot, blessé, reprendre son commandement après s'être fait panser. Le colonel se multiplie : il est beau de sang-froid ; il distribue ses troupes sur les points les plus menacés ; le drapeau que tient haut et ferme le sous-lieutenant Marie, déjà blessé et ses vêtements déchirés par les balles, est devenu l'objectif des efforts prussiens ; un moment, il est en danger ; les sapeurs le dégagent par un vigoureux effort qui coûte cher aux assaillants. Des renforts ont été demandés, mais bien qu'ils n'arrivent pas et que les zouaves aient subi des pertes énormes, leurs lignes de tirailleurs résistent, ne se laissent pas entamer et parviennent à maintenir l'ennemi à distance jusqu'à deux heures de l'après-midi.

Semblables aux vagues d'une marée montante, les masses prusso-bavaroises n'avaient cessé d'affluer et de grossir. Dans le milieu de la journée, elles se trouvaient assez fortes pour tenter une attaque générale.

Cependant, ne voulant ou ne pouvant risquer un assaut de front, les Prussiens parviennent, grâce à leur grand nombre, à opérer un mouvement tournant dans le but d'envelopper la petite armée française. Devant cette manœuvre, à laquelle elle ne peut s'opposer, celle-ci prononce son mouvement de retraite tout en continuant de combattre.

Les zouaves avaient tenu bon depuis le commencement de l'action, qui a pris les noms de bataille de Wœrth et de bataille de Reichshoffen; partout où ils s'étaient portés, ils avaient maîtrisé l'adversaire, partout ils avaient été admirables de ténacité, de courage et de dévouement. D'un héroïsme froid et calme, ils surent, eux, ces zouaves si vifs, si alertes, si faciles à se laisser emporter par leur fougue, ces hommes faits pour la lutte ardente, pour l'action corps à corps, rester calmes, placides, coude à coude, sous le feu qui les décimait.

Quand le commandant en chef eut jugé la bataille perdue et qu'il se résolut à sauver les débris de l'armée, c'est aux zouaves qu'il demanda un suprême effort et c'est eux qui, de concert avec les héroïques cuirassiers, couvrirent le mouvement rétrograde.

Déployés en tirailleurs sur la lisière du bois de Brudesbach et sur une hauteur dominant le village, désormais fameux, de Reichshoffen, les zouaves du 1er régiment barrèrent le chemin à l'ennemi. Pendant plus d'une heure, par un feu calme, bien mesuré, portant juste, ils purent briser l'élan de toute une division prussienne et forcer à se replier en désordre des escadrons de cavalerie qui essayaient de prendre position sur la ligne de retraite de l'armée française. Sur ce chemin que voulaient suivre les vainqueurs, la fusillade des zouaves éleva une infranchissable barricade de cadavres.

Quoique purement défensif, le combat n'en fut pas moins meurtrier pour les zouaves, car, pendant cette heure si longue, l'artillerie des coalisés ne cessa de couvrir d'obus les positions défendues. Là tombèrent blessés à mort le colonel Gautrelet, qui s'était illustré au Mexique, les commandants Bertrand et Marin, et, autour d'eux, capitaines et lieutenants, sous-officiers et soldats qui moururent victimes du devoir militaire.

Tout aussi maltraité était le 2e régiment de zouaves, également placé en position défensive et qui perdait deux de ses chefs de bataillon tués, son colonel, son lieutenant-colonel, son troisième chef de bataillon, blessés grièvement.

Les cuirassiers avaient reçu l'ordre de courir au grand sacrifice: ils s'étaient lancés en avant dans une charge furieuse, avaient arrêté l'ennemi stupéfait de tant d'audace, si ce n'est émerveillé de tant de dévouement. Ils s'étaient brisés contre les barricades de l'ennemi, et pendant qu'ils se reformaient pour de nouveau se lancer en avant, les zouaves du 3e régiment essayaient de contenir leurs adversaires. Une lutte terrible s'engage; l'ennemi nombreux, serré, compact, se rue sur ce petit noyau de soldats résolus qui meurent, mais ne reculent pas. Au moment où il se lance en avant, le capitaine Parson est tué à la tête de sa compagnie; le capitaine Bruguérolle tombe lui aussi; le lieutenant Berthemet est frappé de huit coups de feu; un grand nombre d'officiers et de soldats éprouvent le même sort sans que leur triste destinée affaiblisse l'ardeur des survivants. Puis, quand l'héroïque effort de la cavalerie eut échoué, quand il n'y eut plus de cuirassiers, on vit le jeune capitaine Henry, beau de désespoir et de fureur patriotiques, tenter encore de barrer le chemin à l'ennemi. Il tomba maudissant cette injustice de la fortune qui laissait écraser la vaillance par la masse. Ce dévouement, non plus que celui de tant de héros dont le nom est resté enseveli dans l'oubli, ne fut pas inutile : les groupes dispersés purent se rallier aux appels du clairon qui sonnait la retraite finale.

Quand de nouvelles troupes françaises eurent pris des positions qui leur permettaient de retarder la marche des vainqueurs, les régiments de zouaves, reformés sous la direction des quelques officiers valides qui leur restaient, toujours disciplinés et toujours dévoués, quittèrent à leur tour le champ de bataille pour se rendre à Saverne et de là à Châlons-sur-Marne, où ils devaient se réorganiser. La marche en retraite fut d'autant plus dangereuse qu'elle ne put s'effectuer sans combattre, d'autant plus pénible aussi qu'une partie des zouaves avaient, le matin et par ordre, laissé les sacs au campement. Ils n'avaient donc plus ni tentes pour s'abriter contre une pluie incessante, ni ustensiles pour préparer une nourriture chaude pouvant seule les réconforter.

Et cependant, malgré la défaite, malgré la misère du moment, les zouaves, qui jusqu'alors n'avaient connu que le succès, se montrèrent, pendant cette retraite de Saverne à Châlons, admirables de résignation, de fermeté, de cohésion, de discipline, d'attachement à leurs officiers. Malgré la poursuite de l'ennemi, ils emmenèrent avec eux la plus grande partie de leurs blessés. Parmi ces derniers se trouvait le vaillant capitaine Saint-Sauveur, du 3e régiment de zouaves. Ce brave officier avait fait l'admiration du régiment par sa défense des bois, par l'énergie avec laquelle il avait maintenu ses soldats sous un feu épouvantable. A cheval, marchant au pas, guidant ses tirailleurs, il disparaissait, par moments, dans la fumée, et quand, par intervalles, on l'entrevoyait, on eût dit qu'il se croyait invincible. Atteint à la fin de la bataille d'un coup de feu dans la poitrine, le malheureux capitaine souffrait cruellement. Sur ses instances réitérées, sur son ordre même, les soldats durent déposer, au pied d'un arbre, le brancard de branchages sur lequel il gisait. Il y passa la nuit, et le lendemain, quand quelques zouaves, bravant le danger de tomber au pouvoir des partis ennemis qui parcouraient le pays, revinrent sur leurs pas pour le recueillir, ils le retrouvèrent complètement dépouillé par des maraudeurs qui, jugeant son état désespéré, n'avaient daigné lui donner le *coup de grâce*. Il fut recueilli par une voiture des ambulances prussiennes.

Dans cette situation si cruellement nouvelle de vaincus, les zouaves justifièrent, une fois de plus, leur vieille réputation de types accomplis de soldats. C'est le témoignage que leur rendit leur général en chef, le maréchal de Mac-Mahon, quand, rencontrant à Forbach les restes du 2e régiment de zouaves, groupés autour du drapeau, il félicita, en leur personne, tous les zouaves pour leur ferme attitude.

Au camp de Châlons, les zouaves se réorganisèrent et comblèrent une partie de leurs vides au moyen des officiers et des hommes envoyés des dépôts d'Afrique; ils furent maintenus dans la première division du 1er corps d'armée. Grossi des régiments reformés et de régiments de marche constitués sur l'ordre du général de Montauban, ce corps devint l'armée des Ardennes, confiée au maréchal de Mac-Mahon.

De Châlons, où elle se rassembla, cette armée devait ou se replier sur Paris pour y prendre un point d'appui sur le camp retranché de cette ville, ou exécuter, par les Ardennes, une marche rapide, afin d'aller donner la main à l'armée du Rhin, adossée contre Metz. Cette armée avait livré de sanglantes batailles sans se laisser entamer, mais elle ne s'en trouvait pas moins cernée par les armées prusso-allemandes. On sait quelles entraves apportèrent aux plans militaires les préoccupations politiques, quels retards furent la conséquence d'ordres contradictoires, on sait enfin avec quel acharnement nous poursuivit la fortune pendant cette marche vers le nord-est, marche qui, plus libre, partant plus rapide, eût mené à la victoire cette armée dont le rassemblement et l'organisation en moins de vingt jours était un admirable tour de force. Ces retards donnèrent aux

Tenue de Campagne.

coalisés allemands le temps de reprendre le peu d'avance que l'on croyait avoir gagné et de venir, au nombre de deux cent cinquante mille, cerner, dans l'entonnoir de Sedan, les quatre-vingts ou quatre-vingt-cinq mille hommes de l'armée de Mac-Mahon.

Le 30 août, le 3ᵉ régiment de zouaves, ayant au milieu de lui le général en chef, protège la retraite des voitures d'artillerie du 5ᵉ corps, vaincu la veille à Beaumont, et le mouvement l'amène sur les hauteurs qui dominent Bazeilles.

Le 1ᵉʳ septembre, jour de la bataille de Sedan, les zouaves, établis au-dessus et près de Givonne, durent rester l'arme au bras pendant que les massacrait l'artillerie prussienne, tenue hors de portée de fusil. Divers mouvements les conduisirent successivement au château de la Garenne, au calvaire d'Illy, à Balan, sans qu'il leur fût donné de répondre à un ennemi trop certain des résultats de ce qui n'était plus une lutte, pour se risquer dans un combat corps à corps. C'est seulement vers quatre heures du soir que le 2ᵉ bataillon du 1ᵉʳ régiment de zouaves, lancé sur les Bavarois qui occupaient le faubourg de Balan, fit subir à l'ennemi des pertes considérables. Enlevé par les lieutenants Simon et Baillet, un groupe de zouaves pénètre dans le faubourg de Balan avec une furie toute française et s'y retranche ; le capitaine Gillant voit un de ses hommes tomber, il saisit le fusil, les cartouches de ce malheureux, et, par son adresse, devient redoutable aux Bavarois. Pendant cet épisode de la grande bataille, un brave caporal-clairon, du nom de Morlaës, avait été placé dans un poste extrêmement périlleux, mais il ne cessa de sonner les commandements sans se laisser émouvoir par les balles qui sifflaient dans l'air, les obus à mitraille qui labouraient le sol, perçaient et renversaient les murailles. Ce combat de Balan fut pour le 1er régiment de zouaves le seul beau moment de cette journée pendant laquelle il perdit une vingtaine d'officiers et plus de six cents hommes.

Le 2e régiment se trouvait, le 31 août, près de Sedan; il reçut l'ordre, le 1er septembre, d'occuper une partie du village de Bazeilles. Qui ne se souvient de l'héroïsme et du rare courage avec lequel l'infanterie de marine défendit le malheureux bourg. Les zouaves soutinrent une partie de cette lutte. A Bazeilles, comme à Reichshoffen, l'ennemi ne put se flatter de les avoir vaincus; il les avait écrasés sous les obus et les boîtes à mitraille d'une artillerie lointaine. Un moment, ce feu infernal des batteries prussiennes avait dû se ralentir, c'est quand, exaspérés de se voir décimer sans pouvoir répondre coup pour coup, des zouaves s'étaient attelés aux mitrailleuses pour les pousser plus près des positions ennemies. A Bazeilles tombèrent le brave commandant Béhic, une dizaine d'officiers et trois cents hommes. Parmi ces derniers, quelques zouaves, blessés à l'intérieur des habitations, périrent dans l'incendie que les Prusso-Bavarois allumèrent deux jours après la capitulation de Sedan. C'était là le châtiment infligé par un ennemi sans générosité au bourg de Bazeilles, dont le nom venait d'être illustré par une héroïque résistance. Qu'on était loin, à ce moment, des grands jours de Crimée et d'Italie, des chevaleresques adversaires de Malakoff et de Solférino !

Après des marches et des contremarches opérées sous le feu de l'ennemi, le 3e régiment de zouaves s'était trouvé divisé en deux parties; l'une, avec laquelle se trouva la compagnie du drapeau, fut séparée de l'armée et après le désastre parvint à gagner Rocroy et Signy-le-Grand, d'où elle se dirigea sur Paris. L'autre portion, sous les ordres du commandant Hervé, commença le mouvement de retraite ordonné par le général Ducrot, après la blessure du maréchal de Mac-Mahon, mouvement si malheureusement contremandé par le général de Wimpffen ; cette portion se trouvait alors dans le bois de la Garenne, sous le feu croisé des batteries allemandes.

Quand la bataille fut perdue, irrévocablement perdue, quand la capitulation de Sedan eût été signée, les zouaves désarmés virent enfin leurs vainqueurs, et quand ils furent sans armes, on les traita durement.

Faute de place dans Sedan, le 1er de zouaves alla camper sur les glacis de la ville et de là fut envoyé dans les jardins d'une fabrique de draps appartenant à un riche industriel, M. Bacot. Au moment de l'arrivée du régiment, les bâtiments atteints par les obus prussiens étaient enflammés. Malgré l'heure avancée, malgré leur fatigue, malgré la faim qui les talonnait cruellement, les zouaves n'hésitèrent pas. En quelques instants, ils s'étaient transformés en pompiers et en charpentiers, parvenaient à éteindre le feu, à sauver un grand bâtiment servant d'ambulance internationale, mais que n'avait pu sauvegarder le pavillon à croix rouge.

Le lendemain, ce qui restait d'officiers du 1er régiment de zouaves se réunissait secrètement chez M. Bacot et lui demandait, en retour du dévouement des braves soldats, de sauver le drapeau du régiment, souvenir des jours glorieux d'Afrique, de Crimée, d'Italie et du Mexique. Ce drapeau, soustrait aux mains qui n'avaient su le conquérir, fut restitué après la guerre par le courageux patriote à qui il avait été confié. Il est aujourd'hui pieusement conservé au musée spécial du régiment que le colonel Hervé a fait organiser à Coléah. Là, dans une vitrine, est déposé le glorieux débris „planté sur le bastion de Malakoff, le „8 septembre 1855, par M. Ozenfant, sous-lieutenant."

Si le soir d'un jour de triomphe, les noms des héros et ceux des braves qui sont tombés passent de bouche en bouche, le lendemain de la défaite a cela de plus amer que ces noms s'oublient, que le souvenir des traits de bravoure et de dévouement s'éteint dans l'effondrement général. Les zouaves n'ont pas échappé à cette terrible loi du malheur, et la postérité ignorera toujours jusqu'à quel point ils furent grands „l'année terrible".

Comme toutes les troupes françaises, les zouaves, ayant au milieu d'eux quelques officiers survivants qui n'avaient pas voulu les abandonner, restèrent cantonnés sans abri dans un pays à demi marécageux, sous un ciel sombre, glacé, sur un sol qu'une pluie continue ne cessait de détremper, à peine nourris, les malades et les blessés sans secours.

Oubliés par les intendances prussiennes, impuissantes, même au lendemain d'une victoire, ils furent obligés de demander quelque nourriture au sol fouillé de leurs mains, aux arbres dépouillés de leur écorce, aux cadavres de chevaux abandonnés sur le champ de bataille. Par ces premières misères, ils se préparaient à la plus dure des captivités chez des peuples dont le caractère n'avait pas été grandi par une série de victoires inattendues et qui semblaient redouter encore ces pauvres zouaves, jadis si grands et si beaux, maintenant désarmés, misérables, mourant de faim.

CHAPITRE X

LES ZOUAVES DE MARCHE

On reforme des Zouaves. — Un quatrième régiment de Zouaves et quatre régiments de marche. — Combat d'Arthenay. — Bataille de Beaune - la - Rolande. — Héroïsme du 3ᵉ de Zouaves de marche. — Attaque de Chagey. — Héricourt. — Retraite du 4ᵉ régiment de marche de Zouaves. — Le 4ᵉ de Zouaves à Paris. — Bataille de Montretout.

DANS ces funestes batailles de Reichshoffen et de Sedan tous les zouaves ne disparurent pas. Il restait encore en Afrique et en France quelques éléments qui permirent de reconstituer le corps, au moins en partie, et de le faire figurer dans les rangs de ces armées de la Loire et de l'Est, toujours malheureuses, mais toujours combattantes et toujours debout, qui personnifièrent si bien la patrie française, que des revers purent atteindre, mais jamais abattre.

Grossis d'engagés volontaires, de zouaves sortis des ambulances ou d'anciens soldats rappelés en vertu de la loi Kératry, les embryons de compagnies cantonnés en Algérie, formèrent bientôt des noyaux de quelque consistance. Après Sedan, ces noyaux se trouvèrent grossis et fortifiés par l'adjonction des zouaves échappés du champ de bataille, soit isolément, soit sous la conduite d'officiers. Comme cadres, on eut ces officiers revenus d'Alsace et des Ardennes, ceux qui s'étaient trouvés attardés par des missions dans le Sud-Algérien, les officiers des bureaux arabes et quelques anciens capitaines et commandants démissionnaires ou en retraite que le patriotisme avait poussés à reprendre l'épée. Les zouaves ainsi rassemblés formèrent trois régiments dits de *marche*, rattachés aux trois régiments dont leurs noyaux étaient issus. On eut ainsi le 1er, le 2e et le 3e régiments de marche de zouaves.

Les débris du régiment des zouaves de la Garde impériale, auxquels s'adjoignirent quelques détachements des autres régiments dirigés sur Paris, servirent à constituer un 4e régiment de marche de zouaves.

Le premier de ces quatre régiments fut formé et instruit à Antibes; le second à Avignon; le troisième, à Montpellier. Le quatrième, resté à Paris, fit partie de la garnison de cette ville. Mais indépendamment de

Général d'Aurelle de Paladines.

ce quatrième régiment de marche de zouaves, il y en eut un second portant le même numéro qui fut constitué par décret du 18 novembre 1870 de la Délégation du gouvernement de la Défense nationale siégeant à Tours.

Ce régiment eut pour éléments des compagnies prises, comme celles des trois autres régiments, dans les dépôts des corps de zouaves sur lesquels avaient été dirigés un assez grand nombre d'engagés volontaires chez qui l'esprit patriotique se trouvait doublé du désir de porter un uniforme illustre. Commandé par le lieutenant-colonel Ritter, le nouveau 4e régiment de marche de zouaves arriva à Bourges au mois de décembre 1870.

Il ne fallut que peu de temps pour instruire ces zouaves, la bonne volonté suppléant chez eux à l'expérience. Sans doute, ils n'atteignirent pas à la hauteur de leurs devanciers : ils avaient un cadre de commandement incomplet et des cadres de sous-officiers peu exercés, mais ils n'en furent pas moins disciplinés, braves comme les hommes de la race gallo-franque, et, dès les premiers jours, leurs chefs furent certains de pouvoir compter sur eux.

Les régiments n'avaient d'abord été constitués qu'à deux bataillons. Les bons résultats obtenus par l'instruction et l'affluence des volontaires firent porter ce nombre à trois. Les trois régiments employés aux armées de province eurent donc chacun un effectif d'environ 3000 hommes et leur commandement resta confié à des lieutenants-colonels.

Les zouaves de marche combattirent à la première

armée de la Loire, sous les ordres du général d'Aurelle de Paladines, un ancien colonel de zouaves. Ceux du 2ᵉ régiment furent à Coulmiers ; mais placés en réserve, ils ne prirent qu'une faible part à cette brillante affaire, pâle sourire de la fortune au milieu de tant de catastrophes. C'est au bourg d'Arthenay que, pour la première fois, les nouveaux régiments se trouvèrent sérieusement engagés. Ils avaient devant eux une artillerie formidable qui les criblait d'obus ; des colonnes d'infanterie, vieilles troupes pour la plupart, qui cherchaient à les entamer. On vit alors ces jeunes hommes à peine soldats, hier à la charrue ou devant l'établi, nerveux peut-être, à coup sûr inexpérimentés, mais soutenus par le sentiment du devoir, tenir tête à des légions de victorieux. Comme ces régiments russes dont Napoléon admirait la solidité sur le champ de bataille de la Moscowa, ces zouaves de la veille furent à Arthenay des bastions que l'ennemi dut démolir à coups de canon. Quand sonna la retraite, quand il fallut reculer, c'est lentement et pas à pas que les zouaves cédèrent le terrain.

Les zouaves furent représentés par le 3ᵉ régiment à l'une des plus sanglantes affaires de la guerre d'invasion, la bataille de Beaune-la-Rolande.

Dès sa formation, ce régiment, désigné pour combattre dans l'est de la France, avait fait partie de l'armée des Vosges que commandait le général Cambriels. Sous les ordres du lieutenant-colonel Boisson, il avait combattu à Auxon, puis le gouvernement de Tours l'avait appelé sur la Loire pour faire partie du 20ᵉ corps d'armée que commandait le général Crouzat.

Le 24 novembre 1870, le 3ᵉ régiment de marche de zouaves contribue à repousser les Prussiens de Bellegarde (Loiret); le 26, il prend part à l'action qui les débusque de Ladon, et, le 28, sous les ordres directs du général Thornton qui voulut combattre au milieu des zouaves des 2ᵉ et 3ᵉ bataillons, il attaque Beaune-la-Rolande, où s'étaient fortement retranchés les coalisés prussiens. Opérée en terrain planté d'arbres fruitiers et de vignes, la marche des zouaves était non seulement difficile et extrêmement pénible, mais aussi des plus dangereuses. L'ennemi, suivant sa tactique habituelle, s'était fortement retranché et abrité, couvrant de feux l'espace qui le séparait des Français. Ordre est donné de déloger les Prussiens des maisons qu'ils occupent et, pour précipiter le mouvement, de déposer les sacs à terre. Les jeunes zouaves obéissent et, avec un entrain remarquable, s'élancent, gagnent quelques centaines de mètres sans se laisser arrêter par les pertes cruelles qu'ils subissent. Ils parviennent à pénétrer dans deux maisons, à en repousser l'ennemi, à s'y établir. Ils ne sont plus qu'à trois cents mètres de la ville. En un clin d'œil, des coups de crosse ont pratiqué des meurtrières dans les murailles des deux maisons et, de ce poste avancé, les tirailleurs ripostent avec avantage au feu de l'en-

A Beaune-la-Rolande.

nemi et préparent la voie au reste du régiment. Celui-ci, formé en colonne, tente un vigoureux effort; mais feux de tirailleurs et feux d'ensemble demeurèrent impuissants contre l'ennemi trop bien retranché. Cette fois encore, les zouaves durent céder devant l'irrésistible du nombre et de la position. Ils reculèrent, mais face à l'ennemi, mais sans trouble, sans précipitation, ripostant au feu des batteries dont les projectiles labouraient le sol autour d'eux.

Cependant, le général Crouzat demande un dernier effort. La bataille est perdue, sans doute, mais il faut assurer le salut de l'armée.

Des colonnes se reforment; les zouaves soutiennent les régiments de garde nationale mobile des Deux-Sèvres et du Haut-Rhin, et tous, baïonnette en avant, se ruent sur le faubourg de Beaune-la-Rolande, dont le surnom, ce jour-là, fut à jamais consacré par l'héroïque courage des jeunes troupes françaises.

Toujours retranchés, les Prussiens avaient vu, de leurs abris, s'avancer l'impétueuse colonne. Quelques-uns de leurs soldats, de leurs officiers peut-être, qui, pendant les années de paix, étaient venus en France chercher leurs moyens d'existence ou édifier leur fortune, qui avaient été reçus en amis dans les familles françaises et avaient appris au milieu d'elles à parler notre langue, crièrent: „*En avant les zouaves*", et répétèrent les commandements des officiers français.

D'autant mieux trompés par ces cris, par ces appels, par ces encouragements, qu'ils étaient plus enflammés, que les bruits et les fumées de la bataille ne leur permettaient pas d'en reconnaître l'origine, zouaves et mobiles s'élancent. Tous rivalisent d'entrain et d'ardeur, tous ont au cœur un désir violent d'aborder cet ennemi qui se dérobe toujours et qu'ils voudraient enfin saisir corps à corps. A cinquante pas, quand elle croyait toucher au but, la colonne est littéralement fauchée et, à sa tête, tombe le général Boisson, qui, du commandement du 3ᵉ régiment de zouaves de marche, venait de passer comme général à celui de la brigade. La retraite sonne, les zouaves se retrouvent diminués de moitié, mais l'ennemi n'ose les poursuivre. Leur dévouement avait assuré la retraite de l'armée.

Un corps franc, qui se rattache aux zouaves par son nom, s'était vaillamment conduit le 2 décembre 1870, à la bataille de Loigny. Ce corps, c'était celui des volontaires de l'ouest, les anciens zouaves pontificaux, défenseurs du trône de Pie IX, revenus en France lorsque les troupes italiennes étaient entrés à Rome en septembre 1870. Le jour de la bataille de Loigny, les zouaves pontificaux, commandés par le colonel baron de Charette, faisaient partie du corps de l'héroïque général de Sonis. L'armée commençait son mouvement de retraite quand le général de Sonis lança les zouaves pontificaux sur le village de Loigny. Enlevés par Charette, ces braves soldats emportent le village, le traversent, refoulent, par leur irrésistible élan, les troupes prussiennes d'une supériorité de nombre écrasante et permettent au 17ᵉ corps de l'armée française de se retirer sans désordre. Pour arrêter les zouaves de Charette, il fallut les écraser sous une pluie d'obus, et quand ils s'arrêtèrent, ils avaient perdu la moitié de leur effectif; leur colonel était grièvement

A Loigny.

blessé ainsi que le général de Sonis qui avait voulu marcher à leur tête.

Les zouaves des trois régiments suivirent pendant quelque temps encore les destinées de la malheureuse armée de la Loire, partout ils payèrent bravement de leur personne, ne marchandèrent ni leurs fatigues ni leur sang, et à la fin décembre un ordre les envoya à

Zouave pontifical. — Ed. Detaille.

l'armée de l'Est qui s'organisait sous les ordres du général Bourbaki.

Ils combattirent à Villersexel, assistèrent au combat de Saulnot et, pendant la dernière bataille livrée par l'armée de l'Est aux troupes du général Werder, les zouaves des 3e et 4e régiments de marche furent vivement engagés.

Postés au bois de Bians dans le but de protéger le déploiement de l'artillerie française, les zouaves du 3e régiment s'avancèrent pour refouler les Prussiens du village de Torcy et s'établir à leur place. Le rôle du régiment, pendant la bataille, fut donc un rôle d'observation et de garde d'un point stratégique. De concert avec des fractions de régiments de ligne et de troupes de garde nationale mobile, les zouaves du 4e régiment formèrent une colonne placée sous les ordres du lieutenant-colonel de Boisfleury. Celui-ci avait remplacé à la tête du régiment le lieutenant-colonel Ritter, qui s'était cassé la jambe à Pesme, le 2 février 1871, en traversant l'Ognon pris par les glaces.

Cette colonne attaque le village de Chagey. Dès la première démonstration, les avant-postes prussiens se replient et, maîtresse du terrain, la colonne met en batterie deux pièces d'artillerie dont le tir enfile les rues du village, mais sans produire d'effet. Jugeant qu'ils sont encore trop loin de l'ennemi, les zouaves s'attellent à l'une des pièces et l'entraînent en avant de la ligne des tirailleurs. Les premiers coups portent, mais en quelques instants canonniers et servants volontaires, qui se sont présentés pour les aider, tombent tués ou blessés. La position devient périlleuse. Le colonel de Boisfleury lance sa colonne, dont le rapide élan semble irrésistible. Elle va pénétrer dans le village; mais, sans se montrer, les soldats de Werder fusillent presqu'à bout portant ces énergiques soldats qui se croyaient sûrs de vaincre. La colonne est brisée; les capitaines Hanoteau et Frankel sont tués à la tête de leur compagnie et, autour d'eux, tombent leurs braves compagnons. Un moment désorganisés, les zouaves perdent la position, mais ils reprennent courage et une attaque de vive force leur permet de s'y rétablir, de s'y maintenir, de refouler l'ennemi chaque fois qu'il tente de sortir de ses abris. Malgré la supériorité de leur nombre, les Prussiens s'aperçoivent encore une fois que le désespoir a vieilli ces troupes à peine formées

A boire!...

Zouave au Repos. — Eugène Bellangé.

et que peut-être dompteraient-elles la victoire si tout, même les éléments, n'était venu les accabler.

On sait que la bataille d'Héricourt resta indécise, que pour vaincre l'armée de l'Est, pour secourir Werder, les Prussiens dirigèrent d'incessants renforts et que, si l'armée française dut se résoudre à abandonner le champ de bataille, c'est qu'un inconcevable oubli du négociateur français et une omission déloyale du négociateur allemand l'avaient exposée à demeurer seule en face des armées victorieuses que l'armistice rendaient libres.

Les zouaves des 1er et 3e régiments de marche suivirent la fortune de l'armée française, obligée de se retirer en Suisse; ils y restèrent en internement jusqu'à la conclusion de la paix.

Le 2e et le 4e régiments de marche furent plus heureux; ils échappèrent aux conséquences de la neutralité suisse et restèrent libres.

Le 2e régiment, quittant le champ de bataille, se dirigea vers Montbéliard en repoussant les troupes prussiennes lancées à sa poursuite. Il arriva sous les murs de la ville le 18 janvier, prit position sur les hauteurs de Buzy, et, quand enfin l'armistice eut été régularisé suivant les règles de la bonne foi militaire, il se retira sur Besançon, dont il renforça la garnison.

Réunissant ses soldats autour de lui, le colonel de

Boisfleury, du 4ᵉ de zouaves de marche, leur avait dit qu'avec du courage et de la patience, avec la confiance dans les chefs, surtout avec la volonté de demeurer libres, les hommes peuvent tout oser. Il fallait traverser les lignes ennemies, se frayer un passage à travers ces masses prussiennes qui ne cessaient de grossir et menaçaient de faire subir à l'armée de l'Est le triste sort des armées de Sedan et de Metz. Il fallait enfin se conserver à la France qui, à bref délai, pouvait encore avoir besoin d'eux. Ce discours du colonel souleva les acclamations de ses soldats.

N'emportant avec eux que des biscuits et des cartouches, les zouaves du 4ᵉ régiment de marche commencèrent, à travers les montagnes du Jura, une retraite extrêmement pénible, lente parfois, toujours dangereuse, s'ouvrant des chemins dans les neiges et parmi les bois, repoussant les éclaireurs ennemis qui les harcelaient. Le 4 février, ils étaient à Gex; ils traversèrent la vallée des Dappes, franchirent le col de la Faucille. Enfin, à bout de forces et de besoins, n'en pouvant plus, ils arrivèrent à Grenoble et purent se reposer à l'abri de ces forts sur lesquels flottaient le drapeau tricolore. Cette marche habile et courageuse du 4ᵉ régiment de marche de zouaves à travers un pays montagneux, par une température extrêmement rigoureuse, malgré les neiges et les glaces, fut considérée, même à l'étranger, comme un fait de guerre des plus remarquables, qui démontrait la solidité acquise par ces jeunes troupes, moins de deux mois après leur formation. Elle était, pour l'avenir, un gage d'espérance. Sa courageuse conduite valut au régiment, le 12 mars, une lettre du général Billot, commandant le 18ᵉ corps d'armée, par laquelle il félicitait le colonel, les officiers et les soldats, de leur dévouement et de leur patriotisme. Cet épisode, trop peu connu du dernier acte de ce grand drame de 1870-1871, méritait peut-être d'être rappelé sur le drapeau, vierge d'inscriptions, du 4ᵉ régiment de zouaves actuel, de cet héritier collatéral du régiment des zouaves de la Garde impériale.

Types.

Le rôle des zouaves de marche enfermés dans Paris ne fut pas aussi mouvementé que celui de leurs frères d'armes des armées de province. Dans les rangs du régiment, constitué à la hâte, s'étaient glissées quelques recrues trop jeunes qui, ne voyant dans le soldat que le brillant et multicolore uniforme, n'avaient pas compris que renom oblige et quelle lourde responsabilité ils acceptaient en revêtant cet uniforme des zouaves.

Jugeant du jeu des batailles, non avec le sentiment de la vertu militaire, qui est la vertu de renoncement absolu, mais avec la naïveté de spectateurs nourris des souvenirs de batailles du Cirque olympique, ils débutèrent dans l'armée par un acte de faiblesse. Le 18 septembre, à Châtillon, ces zouaves trop improvisés abandonnèrent leur poste et semèrent sur leur route, du fort à Paris, une dangereuse alarme.

L'accueil que leur fit la population, les huées dont on les accabla, leur montrèrent combien il est dangereux de détruire une légende, même inconsciemment.

Quelques-uns de ces défaillants furent punis, renvoyés du corps, mais la plupart obtinrent d'être maintenus.

Jadis, en Italie, Bonaparte, en reprochant sévèrement aux soldats des 39e et 45e demi-brigades leur fuite devant un ennemi supérieur, avait donné l'ordre d'écrire sur leurs drapeaux: „Ils ne sont plus de l'armée d'Italie." Devant les pleurs de ces soldats malheureux, il avait pardonné, et ce pardon les avait transformés en héros. De même pour les zouaves de Châtillon, revenus à eux, ils montrèrent, un mois plus tard, au combat de la Malmaison, qu'on avait eu raison de leur pardonner. S'approchant de l'ennemi, bravant ses feux, ils l'abordèrent à la baïonnette, le firent reculer et ne consentirent à obéir aux appels des clairons qui sonnaient la retraite, qu'après avoir subi un sanglant baptême du feu.

Jusqu'à la réorganisation définitive des armées de Paris, le 1er novembre 1870, les zouaves avaient formé un régiment spécial qui, à cette date, devint le 4e régiment de zouaves de marche.

Parti de l'armée avec laquelle le général Ducrot projeta un moment de sortir de Paris par le sud, en suivant la vallée de la Seine, le 4e régiment de marche fut si vivement engagé qu'il perdit 22 officiers et 584 sous-officiers et soldats. Telle avait été sa vaillance qu'il fut mis à l'ordre du jour de l'armée et que le général en chef, passant devant les lignes de ses troupes, se découvrit devant les zouaves en leur criant : „Bravo! zouaves."

Montretout est le dernier épisode du siège de Paris auquel les zouaves prirent part. Là encore ils se montrèrent vaillants en combattant contre la garde royale prussienne; ils surent la maintenir à distance jusqu'à onze heures du soir et parvinrent à briser le mouvement tournant qui menaçait les batteries françaises. Là encore les pertes furent cruelles, 15 officiers et 153 sous-officiers et soldats restèrent sur le champ de bataille.

Après la guerre les zouaves des régiments de marche furent les uns licenciés, les autres versés dans leurs anciens régiments réorganisés.

CHAPITRE XI

LES ZOUAVES DEPUIS LA GUERRE

Révolte en Algérie. — Formations provisoires de compagnies de Zouaves. — Colonnes expéditionnaires. — Combat de l'Oued-souf. — Assaut du plateau de Metaoua. — Expédition de Dra-el-Mizan. — Expédition dans la grande Kabylie. — Le Fort national. — Reconstitutions successives des régiments. — Les nouveaux drapeaux. — La promenade. — La Tunisie. — Épilogue.

PENDANT que la mère patrie se débattait contre l'invasion, un grand danger menaçait la colonie algérienne. Malgré leurs défaites, se répétant depuis quarante années, les tribus kabyles n'avaient jamais perdu l'espoir de reconquérir leur indépendance. Tant que les musulmans virent la France puissante, ils la respectèrent; tant qu'ils la sentirent forte, ils la craignirent, car leur soumission ne fut jamais que le résultat de la crainte. La révolte leur parut possible quand ils connurent les défaites et la destruction des armées françaises, quand presque toutes les troupes de la colonie eurent été appelées sur le continent. Quelques mesures politiques, au moins inopportunes, qui blessèrent des chefs arabes puissants, parmi lesquels le bach-aga Mokrani, devinrent le prétexte et le signal d'un appel aux armes.

Sur divers points des provinces d'Alger et de Constantine, des villages de colons et des postes militaires furent attaqués, cernés, quelques-uns pillés et incendiés. Il y en eut qui ne purent se défendre, mais d'autres, notamment le village de Palestro, résistèrent vaillamment. Un moment la situation des Français en Algérie parut désespérée.

Ce qui pouvait encore exister dans la colonie de troupes de diverses origines, de groupes de volontaires en voie d'organisation pour être envoyés en France, de bataillons de gardes nationales du Midi, passés en Afrique pour y remplacer les troupes de l'armée active, fut rassemblé sous le commandement d'officiers relevés de la position de retraite ou d'officiers blessés qui, à peine sortis des ambulances, voulurent prendre leur part du péril national.

On habilla et on arma ces hommes avec ce que l'on put encore trouver dans les magasins, on les encadra, on les instruisit pendant les marches, et telle fut la bonne volonté générale que, dès les premiers jours, on put espérer dominer la révolte, en attendant le moment de la maîtriser.

Ce que l'on réussit à rassembler de zouaves dans les trois provinces : zouaves sortis des hôpitaux, zouaves devenus colons, forma un bataillon provisoire qui se partagea entre les différentes colonnes lancées dans toutes les directions. Ce bataillon n'eut qu'une existence éphémère : il fut licencié au mois d'avril 1871 et son effectif versé dans les dépôts des trois régiments.

Lorsque le nombre des zouaves revenus des prisons d'Allemagne se trouva assez grand, les régiments se reconnurent, se réorganisèrent et bientôt se retrouvèrent sur pied. Le 4ᵉ régiment de zouaves, qui n'avait pas existé de 1852 à 1870, fut constitué avec le 4ᵉ régiment de marche de l'armée de Paris et dans ses cadres comme dans ses compagnies vinrent se fondre les diverses fractions du 4ᵉ régiment de marche de zouaves des armées de province, celui-là même qui avait sauvé sa liberté par sa retraite dans le Jura.

Revenus de captivité, les zouaves se sentirent de nouveau les coudes et quand les populations eurent revu ces régiments, elles furent certaines du salut de l'Algérie française. Du reste, aussitôt prêts, les quatre régiments allèrent à l'ennemi. Il y avait urgence de frapper, de frapper vite et fort, car, d'abord localisée et contenue à grand'peine dans les vallons du Djurjura, la révolte s'était étendue; elle se propageait, éclatait de proche en proche et, sans la rapidité avec laquelle les régiments surent se débrouiller et se reconnaître, l'incendie eut gagné jusqu'aux villes du littoral.

Conduite avec une heureuse résolution, la campagne de 1871, en Afrique, se caractérisa, comme toutes les guerres algériennes, par des marches extrêmement pénibles, sous un ciel tantôt de glace et tantôt de feu, sous des pluies diluviennes ou par des temps de désastreuses tourmentes, par des escarmouches, par des luttes de tous les jours, des surprises de nuit, des attaques subites de contingents arabes qui venaient reconnaître et insulter les colonnes et se dispersaient au grand galop de leurs chevaux quand ils ne se voyaient pas les plus forts; par des razzias, par l'incendie des villages dont les habitants avaient essayé de faire parler la poudre avant d'implorer l'*aman*.

Quelques faits marquants se détachèrent sur le fond monotone des événements qui vinrent prouver que, malgré les revers, malgré l'inaction d'une longue captivité, les anciennes qualités des zouaves avaient survécu.

Les régiments entrèrent en campagne au mois de mai 1871. Partie de la colonne du général Cérez, chargé de pacifier la vallée de l'Oued-Sahel, ils coopérèrent à la prise et à la soumission de nombreux villages, à l'incendie du camp de Bou-Mezrag, l'un des chefs principaux de l'insurrection. Pendant tout ce mois de mai, ils combattirent également dans la vallée de l'Oued-Souf et luttèrent contre les partisans nombreux, bien armés et disciplinés du bach-agha Mokrani. C'est pendant un de ces combats que ce chef, si longtemps l'ami et le commensal des hautes personnalités de la colonie, dé-

Entrée du Ksar Si Kadour à El Abiod.

coré de la Légion d'honneur, tombait sous les balles des zouaves, au moment où ceux-ci accouraient pour dégager deux compagnies de chasseurs à pied gravement compromises.

A la même époque, les zouaves, après avoir battu les insurgés à Aïn-Armat, allèrent à Batna, au centre de la province de Constantine, assiéger le vaste plateau de Metaoua, au sommet d'une montagne coupée à pic et que les Arabes avaient transformé en forteresse avec rempart de pierre. Quand le canon eut ouvert une brèche, deux compagnies de zouaves formant colonnes d'assaut s'élancent sous le feu des défenseurs. Ceux-ci, parmi lesquels se trouvaient d'anciens sous-officiers de turcos, avaient appris à se battre et à se défendre suivant les règles de la guerre européenne. Ils tinrent solidement, et quelle que fût l'impétuosité de l'attaque, l'acharnement de la lutte, les zouaves durent renoncer à une entreprise que le manque de munitions les empêcha de renouveler. En Kabylie, comme dans d'autres pays qualifiés de barbares, les Européens sont devenus véritablement, quoique inconsciemment, les maîtres de leurs adversaires. Les Kabyles avaient profité des leçons de leurs vainqueurs, sinon pour les battre, du moins pour leur faire payer plus cher une victoire souvent stérile.

La colonne expéditionnaire ayant été obligée de prononcer son mouvement de retraite, les zouaves eurent en partage la tâche toujours pénible de protéger les convois de blessés et de bagages. Toutefois, si les révoltés kabyles n'avaient pu être délogés de leurs formidables positions, du moins avaient-ils été suffisamment affaiblis pour se trouver hors d'état de poursuivre la lutte. Aussi, trois mois plus tard, quand une nouvelle colonne française se présenta, elle n'eut pas besoin de combattre longtemps pour voir arriver à composition les Kabyles du Metaoua.

En juin 1871, les zouaves coopérèrent à l'expédition de secours dirigée sur Dra-el-Mizan, village-colonie construit à plus de quatre cents mètres de hauteur, sur la chaîne du Djurjura, pour servir de poste avancé contre les Kabyles.

Pendant la marche, ils luttèrent avec énergie, souvent avec bonheur, contre des nuées d'adversaires qui harcelaient la colonne, et dans ces combats d'arrière-garde, sans éclat, sans retentissement, ils se montrèrent vaillants comme jadis. Et cependant c'étaient des luttes presque toujours sans merci pour le vaincu : décapité s'il tombait en mains kabyles, fusillé s'il avait affaire aux Français.

Quand les généraux Lallemand et Cérèz pénétrèrent dans la Grande-Kabylie encore une fois révoltée, pour aller débloquer le fort National, ancien fort Napoléon, construit jadis pour assurer la domination française dans le haut pays, chez ces descendants des Numides que les Romains n'avaient jamais bien soumis, les zouaves se revirent sur l'un des théâtres de leur gloire passée. Deux mois auparavant, une première tentative pour s'ouvrir un passage jusqu'au fort avait été essayée par les troupes du colonel Fourcaud. Cette tentative avait été déjouée par l'énergique résistance des Beni-Raten, l'une des plus valeureuses tribus de la Kabylie et aussi l'une des dernières domptées.

Si, lors de la seconde expédition, les choses changèrent de face, ce ne fut qu'au prix d'efforts énergiques. Chaque jour de marche dans ce massif du Djebel Djurjura se marqua par un combat, chaque étape par des tombes de héros inconnus. Pour les

Au Désert.

zouaves, il n'y eut plus de repos; passé obligé: *les chèvres de montagnes* furent de toutes les corvées, corvées du pic et corvées du fusil; toujours, dans les moments difficiles, on eut recours à eux comme s'il eût été reconnu que tout terrain difficile est terrain de zouave.

Ces braves soldats, justifiant la confiance des chefs, s'avancèrent pied à pied; ils furent brillants à l'enlèvement du village d'Ighil-Guifri, et, par un engagement

Halte !... — Eugène Bellangé.

corps à corps, enlevèrent à la baïonnette la position fortifiée d'Afenson. Enfin, ils domptèrent une dernière fois leurs adversaires sur ce plateau d'Icheriden, refuge des chefs kabyles les plus compromis, de ceux qui avaient ordonné le massacre de la population de Palestro. Sur ce dernier boulevard, que l'assaut venait de leur enlever, les révoltés se défendirent avec cette énergie que donne le désespoir et aussi la certitude du châtiment. Là encore, les zouaves marchèrent au premier rang, et les montagnards de la Kabylie, malgré leur courage, leur brillante valeur et l'acharnement de leur résistance, purent se convaincre, une fois de plus, que la défaite de tels soldats dans un pays lointain n'avait été qu'un malheur passager, un accident de la fortune, et que rien n'avait faibli de leur vertu militaire.

Cette campagne si active de la répression de l'insurrection algérienne en 1871 avait été commencée et poursuivie pendant la saison la plus chaude de l'année. Il est facile de juger que durent être pour les troupes les marches en pays plat, sec et aride ou en pays de montagnes. Quand, au mois de juillet 1871, une colonne courut au secours de Zurich et de Novi, deux villages des environs de Cherchell, et aussi de cette place serrée de près par les Beni-Manasser, les soldats durent marcher pendant vingt-huit heures consécutives sous un ciel de feu. Au 1ᵉʳ régiment de zouaves, un lieutenant et deux soldats succombèrent en quelques heures aux suites d'une insolation; un grand nombre d'hommes moins frappés entrèrent à l'ambulance ou furent dirigés sur les hôpitaux.

Vue de Menuah.

Et malgré ces incroyables fatigues, malgré ces souffrances, que seuls peuvent apprécier ceux qui ont combattu dans les déserts africains, il fallait quand même aller en avant le jour, quand même veiller la nuit et toujours tenir tête à un ennemi frais et dispos; s'arrêter parfois quand il devenait trop entreprenant, le repousser loin des malades, des troupeaux et des convois.

Enfin l'Algérie fut sauvée et, rentrés dans leurs cantonnements, les zouaves purent s'attribuer une large part du succès. Une fois de plus ils s'étaient dévoués, une fois de plus ils s'étaient acquis des titres à la reconnaissance de leur patrie.

La guerre de répression terminée, les régiments de zouaves eurent enfin le loisir d'achever leur reconstitution suivant les prescriptions du décret de réorganisation de l'armée en date du 24 juillet 1871.

Le 1er régiment de zouaves, sous les ordres du colonel Barrachin, reprit ses cantonnements dans la province d'Alger;

Le 2e, commandé par M. Détrie, resta dans la province d'Oran;

Le 3e, ayant M. Cloux pour colonel, demeura, comme antérieurement à la guerre contre l'Allemagne, cantonné dans la province de Constantine;

Enfin le 4e, dont M. Méric était colonel, eut Alger pour résidence.

Chaque régiment compta 3 bataillons de 9 compagnies. Le 6 mars 1872, nouvelle réorganisation qui assigne aux régiments de zouaves 4 bataillons de 6 compagnies; 2 compagnies constituent le dépôt du régiment. Enfin, la loi organique du 13 mars 1875, réglant les effectifs de la nouvelle armée française, étendit aux zouaves le système de répartition appliqué à tous les régiments d'infanterie. Les 4 régiments eurent donc 4 bataillons de 4 compagnies comptant chacune, sur pied de guerre, 250 hommes, sous-officiers et soldats. En conséquence de ces chiffres, le régiment de zouaves présente, quand il est au complet de guerre, un effectif de 4000 combattants.

Bien que la rapidité, plus encore que la sévérité de la répression, eût amené la soumission des Arabes de l'Algérie, quelques soulèvements partiels se produisirent qui nécessitèrent l'intervention des colonnes expéditionnaires. Les premiers, les zouaves se virent désignés pour composer ces colonnes, et au printemps de 1876, ils partirent avec le général Carteret-Trécourt, un de leurs anciens colonels, pour aller punir les rebelles de la province de Constantine.

En 1879, ils eurent à combattre les contingents insurgés des monts Aurès. Surpris par une marche extrêmement rapide des zouaves, les rebelles se trouvèrent pris au dépourvu, se défendirent mal et, refoulés de leurs montagnes dans le désert, ils y périrent presque tous de chaleur, de faim et de soif.

Comme leurs frères de toutes armes, les régiments de zouaves, depuis leur réorganisation, n'avaient eu que des drapeaux provisoires en étoffe de laine. Quelque modeste d'aspect qu'il fût, ce drapeau de laine n'en était pas moins l'emblème de la patrie. Sous ses plis un peu lourds, comme sous les soyeuses ondulations du drapeau d'autrefois, les hommes savaient que leur devoir et leur honneur est de lutter, de souffrir et de mourir pour la France. Cependant le gouvernement voulut rendre à l'armée des drapeaux plus dignes d'elle, plus dignes de son passé, de l'avenir que lui promet le sérieux rétablissement de nos forces et le patriotisme d'une nation qui, après d'effroyables revers, a accepté tous les sacrifices.

Au mois de juillet 1880, les colonels des 4 régiments de zouaves, MM. Hervé, Swiney, Cojard et Gand, vinrent, comme leurs collègues des autres régiments de l'armée, à Paris, pour assister à la remise solennelle des nouveaux drapeaux. Comme les étendards perdus pendant la guerre, les drapeaux montraient sur une de leurs faces les noms des affaires principales auxquelles avaient assisté les régiments dont ils portaient le nom et le numéro sur la face opposée.

Sur le drapeau du 1er régiment de zouaves on lit :

Constantine 1837
Sébastopol 1855
Melegnano. 1859
Puebla 1863

Sur celui du 2ᵉ régiment :

    Laghouat 1852
    Sébastopol 1855
    Magenta 1859
    Puebla 1863

Sur le drapeau du 3ᵉ régiment :

    Sébastopol 1854-1855
    Kabylie. 1857
    Palestro 1859
    San-Lorenzo 1863

Le 4ᵉ régiment de zouaves, étant considéré comme de formation nouvelle et non comme le continuateur de l'ancien régiment des zouaves de la Garde impériale, ne montre sur son drapeau aucune inscription. Mais viennent les temps souhaités par tous les cœurs français, et le 4ᵉ régiment de zouaves saura faire inscrire quelque date glorieuse et quelque nom retentissant sur le blanc immaculé de son drapeau.

La campagne de Tunisie marque une dernière étape dans l'histoire des zouaves.

Pour eux, ce fut moins une expédition qu'une promenade militaire, marquée par quelques combats sans importance, contre un ennemi qui savait de quelle inutilité serait la résistance. Ils prirent contact avec les Kabyles Kroumirs à la gare de Ben-Béchir sur le chemin de fer de Constantine à Tunis. Au Ben-Métir, ils engagèrent contre de valeureux montagnards le seul combat sérieux de cette courte campagne, les délogèrent d'une série de hauteurs étagées sur lesquelles ils se croyaient hors d'atteinte et les amenèrent à demander l'aman à ces hommes qui, disaient-ils, allaient chercher les aigles jusqu'aux sommets les plus élevés. Les zouaves entrèrent à Béjà, à Kairouan, la ville sainte, et ne quittèrent la Tunisie, pour rentrer dans leurs cantonnements, qu'après l'institution à Tunis du protectorat français.

Le 4ᵉ régiment de zouaves qui, depuis sa constitution, avait résidé à Alger, s'établit alors à Tunis d'une manière définitive.

Depuis la pacification de l'Algérie et la prise de possession de la Tunisie, les zouaves n'ont plus eu à combattre, tout au plus ont-ils eu à châtier divers groupes africains oublieux des leçons du passé. Quelques-unes de leurs compagnies envoyées dans l'Extrême-Orient sont arrivées à temps pour voir la fumée des camps chinois, et, le 4 juillet 1885, un détachement de zouaves, partie de la petite escorte du général de Courcy, a vaillamment résisté à des milliers d'Annamites attaquant le palais du Résident français. Après le combat, ce sont ces soldats désintéressés, autant que braves, qui ont gardé le trésor enlevé au souverain de l'Annam. Aujourd'hui les zouaves sont entrés dans la vie calme et quelque peu monotone des époques de paix; mais, pour eux, l'Afrique n'est pas une Capoue. Enfants gâtés de la fortune dans la première période de leur histoire, leurs malheurs ne leur ont rien fait perdre de la faveur populaire. Soldats brillants aux époques de triomphe, ils ont été soldats solides et disciplinés aux jours de revers, et maintenant, suivant une expression célèbre, ils attendent l'heure qui est à Dieu.

FIN

GLOSSAIRE

IEN *des personnes — quand passe sous leurs yeux le nom d'un héros glorieux ou obscur — ont un sentiment de respect et d'admiration, qui leur fait éprouver le désir de connaître quelle localité doit s'honorer de ce nom, et quelle a été la destinée de celui qui le portait.*

Dans cette pensée, l'auteur a réuni dans ce Glossaire, non pas tous les noms des braves tombés sur les champs de bataille, mais quelques-uns seulement — ceux que les circonstances du récit l'ont amené à citer.

Alpy, *Jules-Fédor*. — Né en 1818 à Lille (Nord), décédé commandant de zouaves, le 16 août 1855.

Aurelle de Paladines, *Louis-Jean-Baptiste*. — Né en 1804 à Malzieu (Lozère), colonel des zouaves en 1850, général de division en 1855, décédé en 1877. Pendant la guerre, il avait organisé la première armée de la Loire, et triomphé à Coulmiers.

AUTEMARRE D'ERVILLÉ (D'), *Charles-François-Xavier.* — Né à Chappy (Meuse), entré au service en 1841, général de division en 1855.

BARDOL, *Émile-Auguste*, est major au 71ᵉ régiment d'infanterie de ligne.

BARRAL, *Joseph-Napoléon-Paul de.* — Né à Paris en 1806, décédé en 1850, par suite de blessures reçues dans un combat contre les Beni Immel.

BEAUPRÊTRE. — Le nom de ce héros de roman a été longtemps pour les Européens l'objet d'une vive admiration; pour les maraudeurs et les révoltés, un objet de terreur; il était, pour les tribus fidèles, une sauvegarde. Il naquit à Marat (Haute-Saône), non loin de Villersexel, de modestes cultivateurs. Beauprêtre s'engagea aux zouaves en 1839, fut nommé sous-lieutenant en 1847, et il était colonel en 1864, quand il fut assassiné le 8 avril de cette même année, au combat d'Aïonnet bou Beckeur, par un cheick traître, qui lui tira un coup de fusil dans le dos.

Plusieurs années après la mort de Beauprêtre, son souvenir, comme justicier et chef intègre, s'était si bien conservé, a écrit un de ses compagnons d'armes, que, pour faire un compliment à un administrateur civil, arabe ou kabyle lui disait : Toi, kif, kif, Beauprêtre. (Toi, tu es comme Beauprêtre.)

BÉDARRIDES, *Phinéas-Josué.* — Né le 8 avril 1829 à Salon (Bouches-du-Rhône), mort capitaine d'artillerie à Carpentras, en 1875. M. Bédarrides est l'auteur du *Journal humoristique du siège de Sébastopol.*

BEDEAU, *Marie-Alphonse.* — Né en 1804 à Verton (Loire-Inférieure), décédé général de brigade à Nantes.

BÉHIC, *Hippolyte-René-Joseph.* — Né le 23 août 1830 à Morlaix (Finistère), décédé lieutenant-colonel du 1ᵉʳ régiment de tirailleurs algériens, le 21 juillet 1875.

BELLEFONDS, *Arthur-Olivier-Marie Pissonnet de.* — Né le 17 novembre 1815 à Brest (Finistère), décédé en Italie le 8 juillet 1859, des suites de blessures reçues à Magenta étant aux zouaves de la Garde impériale.

BERTHEMET, *Louis-Marie.* — Né le 29 mars 1847 à Toulouse (Haute-Garonne). Tué le 6 août 1870 à Reichshoffen.

BERTRAND, *François-Hippolyte.* — Né le 13 février 1825 à Brest (Finistère), décédé le 24 août 1870, des suites de blessures reçues le 6, à Reichshoffen.

BLAISE, *Nicolas-Jean-Henri.* — Né le 17 octobre 1812 à Saint-Mihiel (Meuse), général de brigade en 1869, tué à la Ville Evrard sous Paris le 22 décembre 1870.

BOISSON, *Jean-Marie-Claude.* — Né le 22 avril 1821 à Châlon-sur-Saône (Saône-et-Loire), décédé le 1er décembre 1870 à Saint-Michel (Loiret).

BOURBAKI, *Charles-Denis-Sauter.* — Né le 22 avril 1816 à Pau. Entré au service en 1834, général de division en 1859.

BRISSAUD, *Étienne-Gustave.* — Né le 31 mars 1830 à Nieul (Haute-Vienne), décédé le 3 août 1866, à Oran.

CANROBERT, *François Certain.* — Né en 1809 à Saint-Céré (Lot). Entré au service en 1826, maréchal de France en 1856. Héros d'Inkerman et de Gravelotte.

CAVAIGNAC, *Louis-Eugène.* — Né à Paris en 1802, général de division en 1848, chef du pouvoir exécutif la même année, mort en 1857.

CHABRON, *Marie-Étienne-Emmanuel-Bertrand de.* — Né le 5 janvier 1806 à Retournac (Haute-Loire). Entré au service en 1824, général de brigade en 1859, général de division en 1870.

CHANOINE, *Charles-Sulpice-Jules.* — Né le 18 décembre 1835, à Dijon. Entré au service en 1852, général de brigade en 1885.

CHANZY, *Antoine-Eugène-Alfred.* — Né en 1823 à Nouart (Ardennes), décédé en 1883 à Châlons-sur-Marne.

Chasseloup-Laubat, *Jules-Prudent*. — Né en 1802, général de division en 1853, décédé à Paris en 1863.

Chefs de corps des zouaves. — *Maumet*, 1830; — *Duvivier*, 1830; — *Duvivier*, 1832; — *Lamoricière*, 1834. — Colonels. — *Lamoricière*, 1838; — *Cavaignac*, 1841; — *de Ladmirault*, 1845; — *Canrobert*, 1849; — *d'Aurelle de Paladines*, 1850; — *Bourbaki*, 1852.

Cler, *Jean-Joseph-Gustave*. — Fils d'un payeur des salines de Salins (Jura), où il naquit en 1814; général de brigade en 1855, mort en 1859.

Collineau, *Edouard-Isaïe*. — Né le 22 novembre 1810 aux Sables-d'Olonne (Vendée). Entré au service en 1831 comme soldat, sous-lieutenant en 1838, général de brigade en 1857, général de division en 1860, mort de la petite vérole à Tien-Tsin (Chine) en 1861.

Colonels du régiment des zouaves de la garde impériale (1855—1870). — *Jannin*, 1855; — *de Polhès*, 1855; — *Guignard*, 1859; — *de Lacretelle*, 1860; — *Giraud*, 1863.

Colonels du 1er régiment de zouaves. — *Bourbaki*, 1852; — *Collineau*, 1855; — *Paulze d'Ivoy*, 1858; — *Brincourt*, 1859; — *Clinchant*, 1864; — *Carteret-Trécourt*, 1865. — *Barrachin*, 1870; — *Hervé*, 1879; — *d'Esclevin*, 1882.

Colonels du 2e régiment de zouaves. — *Vinoy*, 1852; — *Saurin*, 1855; — *Tixier*, 1858; — *Gambier*, 1861; — *Lefebvre*, 1864; — *Détrie*, 1870; — *Gaday*, 1876; — *Swiney*, 1878; *Thiery*, 1883.

Colonels du 3e régiment de zouaves. — *Tarbouriech*, 1852; — *de Polhès*, 1855; — *de Chabron*, 1855; — *Mangin*, 1859; — *Tourre*, 1864; — *Bocher*, 1865; — *Cloux*, 1871; — *Cajard*, 1876; — *Bertrand*, 1880.

Colonels du 4e régiment de zouaves. — *Méric*, 1871; — *Gand*, 1874; — *Verrier*, 1879; — *Faure Biguet*, 1883.

Courtois, *Jean-Baptiste*, servit aux zouaves de 1831 à 1838. Il était né en 1809 à Marigny (Côte-d'Or), où il exerçait la profession de garçon marchand de vins. Il fut libéré le 7 avril 1838.

DARBOIS, *Louis-Marie-Jacques*. — Né en 1814 à Dijon, décédé commandant de zouaves, le 2 septembre 1855.

DAURIÈRE, *Blaise*. — Né en 1823 à Rochefort (Puy-de-Dôme), servit dans l'infanterie de marine de 1847 à 1853; aux zouaves de 1858 à 1859; fut libéré le 31 décembre 1859, comme zouave de première classe, chevalier de la Légion d'honneur.

DEGARDARENS DE BOISSE, *Frédéric-Édouard*. — Né le 27 octobre 1808 à Boulogne-sur-Mer (Pas-de-Calais), général de brigade en 1854, mort à Albi en 1859.

DODILLE, *Jean-Marie-Étienne*. — Né à Givry, près de Châlons-sur-Marne, en 1819; tué en 1844, sur la montagne des Flissas.

DUVIVIER, *François-Fleurus*. — Né à Rouen en 1794, général de division en 1848, mort le 7 juillet 1848, par suite de blessures reçues à Paris pendant la bataille de juin.

DUVIVIER, *René-Charles-Adolphe*. — Né le 27 mars 1830 à Clermont-Ferrand (Puy-de-Dôme), officier hors ligne, capitaine à 25 ans, décédé le 7 juin 1857.

ESCOURROUS, *Edmond-Jules-Robert*. — Né le 2 janvier 1836 à Phalsbourg (Meurthe).

ESPINASSE, *Esprit-Charles-Marie*. — Né le 2 avril à Castelnaudary (Aude). Entré au service en 1833, général de brigade en 1852, général de division en 1855, ministre de l'Intérieur en 1858, mort en 1859.

FOURCADE, *Antoine*. — Né le 22 février 1829 à Vielle-Adour (Hautes-Pyrénées).

FRÉMY, *Pierre-Alexandre*. — Né en 1803 à Saint-Mihiel (Meuse), mort en 1842 au camp de Guelma.

GAUTHRIN, *Antoine-François-Achille*. — Né en 1799 à Saint-Pierre-d'Aréna (Espagne), de parents français, mourut sur le champ de bataille, près de Cherchell, en 1841.

Gautrelet, *Claude-Auguste-René*. — Né le 7 avril 1834 à Dezize (Saône-et-Loire), tué lieutenant-colonel du 1er régiment de zouaves, le 6 août 1870 à Reichshoffen.

Gillant, *Jean-Vincent-Gabriel*. — Né le 25 février 1821 à Collioure (Pyrénées-Orientales), retraité en 1872, décédé en 1881.

Gœpp, *Jean-Oswald*, est lieutenant-colonel au 88º régiment d'infanterie de ligne.

Hanoteau, *Gustave*. — Né le 6 octobre 1840 à Chaumont (Haute-Marne), tué à Chagey (Haute-Saône).

Henry, *Jean-Baptiste-Raymond*. — Né le 3 octobre 1837 à Bordeaux (Gironde), tué à l'ennemi le 6 août 1870 à Reichshoffen.

Irlande, *Victor*. — Né le 11 novembre 1816 à Rocroi (Ardennes); soldat en 1832, sous-lieutenant en 1841, retraité en 1873, s'est retiré à Bordeaux.

Jacquot, *Charles-Auguste*. — Né le 4 août 1835 à Rambervillers (Vosges), décédé à Versailles, le 21 octobre 1870, par suite de blessures.

Jannin, *Charles-Aimé*. — Né le 23 septembre 1810, à Besançon. Entré au service en 1828, général de brigade en 1855, général de division en 1862, décédé à Lyon en 1865.

Ladmirault, *Louis-René-Paul de*. — Né en 1808 à Montmorillon (Vienne). Entré au service en 1826, général de division en 1853.

La Moricière, *Juchault de*. — Né à Nantes en 1806, élève de l'École polytechnique, général en 1843, mort en 1865, après avoir défendu les États romains contre les bandes de Garibaldi.

Larrouy d'Orion, *Jean-Julien*. — Né en 1805 à Orthez (Basses-Pyrénées), était lieutenant-colonel du 97e régiment d'infanterie de ligne quand il fut blessé le 18 juin 1855, pendant l'assaut donné au bastion Korniloff. Il mourut le 22 juin suivant.

Lefebvre, *Adolphe-Ernest-Félix*. — Né le 16 avril 1820 à Lons-le Saulnier (Jura). Entré au service le 10 novembre 1839, général de brigade en 1870, général de division en 1875.

Leflô, *Adolphe-Charles-Emmanuel*. — Né le 2 novembre 1804 à Lesneven (Finistère). Entré au service en 1823, général de division, ministre de la guerre, ambassadeur de Russie.

Le général Leflô a été ministre de la guerre à Paris pendant le siège de 1870 à 1871, et le personnel de l'administration centrale a gardé de sa bienveillance le plus respectueux et le plus reconnaissant souvenir.

Leflô, *Adolphe-Joseph-Agathon*. — Né le 24 avril 1843 à Ploujean (Finistère), fils du général ; chef de bataillon, décédé le 9 mars 1878 à Alger. M. Leflô était un officier d'avenir, vigoureux, intelligent et instruit.

Lenormand de Lourmel, *Frédéric*. — Né en 1811 à Pontivy (Morbihan). Blessé le jour d'Inkerman, il mourut le 7 novembre 1854.

Levaillant, *Charles*. — Né en 1795 à à Chaillot-lès-Paris, mort général de division, à Paris, le 9 avril 1871.

Lihaut, *Eugène-Francois*. — Né en 1833 à Paris, fut nommé sergent le 14 septembre 1855 pour avoir planté et tenu sur la tour Malakoff, le fanion de la division Mac-Mahon. Il était entré aux zouaves en 1851, fut nommé sous-lieutenant en 1859. Il fut blessé à Sedan et mourut capitaine, chevalier de la Légion d'honneur le 8 septembre 1870, des suites de l'amputation de la cuisse droite.

Mac-Mahon, *Marie-Edme-Patrice Maurice, duc de Magenta*. — Né le 13 juin 1808 à Sully (Saône-et-Loire). Entré au service en 1825, maréchal de France en 1859, président de la République de 1873 à 1878.

Marie, *Vital*. — Est chef de bataillon hors cadre, commandant du bureau de recrutement de Lons-le-Saulnier (Jura).

Marion, *Jean-Baptiste-Victor*. — Né le 1er août 1829 à Gérardmer (Vosges), tué le 6 août 1870 à Reichshoffen.

Martin, *Jules*. — Né le 14 septembre 1819 à Thilleux (Haute-Marne), était, au moment de sa mort, colonel au 62e régiment d'infanterie de ligne.

Mascureau, *Marie de*. — Né le 13 septembre 1840 à Iteuil (Vienne), tué le 6 août 1870 à Reichshoffen.

Maumet, *Pierre-Achille*. — Né à Brest en 1797, retraité en 1848, avec le grade de colonel d'état-major, décédé le 22 août 1848.

Michelon, *Édouard-Frédéric*. — Né le 7 avril 1830 à Lorient (Morbihan), tué le 6 avril 1863.

Mollière, *Pierre-Jean-Alexandre*. — Né en 1800 à Orléans, général de brigade en 1848, mort à Paris en 1850.

Morand, *Napoléon, comte*. — Né en 1811 à Hambourg, pendant l'occupation française, fils d'un lieutenant général.

Ozenfant, *Edmond-Joseph*. — Né en 1827 à Saint-Quentin (Aisne), soldat en 1848, sous-lieutenant en 1854, retraité étant capitaine en 1864.

Pariset, *César-Auguste*. — Né le 4 décembre 1827 à Émagny (Doubs), tué à Reichshoffen le 6 août 1870.

Parson, *Léopold-Charles*. — Né le 29 septembre 1840 à Paris, tué le 6 août 1870 à Reichshoffen.

Paulze d'Ivoy, *Eugène-Jacques-Charles*. — Né le 12 août 1816, à Ivoi-le-Pré (Cher).

Payan, *Léon-Noël*. — Né le 11 avril 1824 à Digne (Basses-Alpes), soldat en 1844, sous-lieutenant en 1851, colonel en 1876, retraité en 1879.

Payraguy, *Pierre*. — Né en 1788 à Bordeaux, soldat en 1808, fit partie du bataillon de l'île d'Elbe, sous-lieutenant en 1831, chef de bataillon en 1842. Il avait servi aux armées d'Espagne, de Calabre, de Saxe, de France et d'Afrique. A Waterloo, il avait reçu trois blessures.

Pélissier, *Aimable-Jean-Jacques*, duc de Malakoff. — Né le 6 novembre 1794 à Maromme (Seine-Inférieure) ; maréchal de France en 1855 ; mort gouverneur général de l'Algérie, à Alger, en 1864.

Piau, *Charles-Célestin*. — Né le 4 décembre 1823 à Montrouge (Seine), retraité comme capitaine le 19 août 1870; s'est retiré à Dijon.

Pierron, *André-Alfred*. — Né le 24 décembre 1830 à Douai (Nord), décédé étant lieutenant-colonel du 102e régiment d'infanterie de ligne, le 11 octobre 1877 à Paris.

Polhès, *Balthazard-Albert-Gabriel de Bonnet-Maurelhan, baron de*. — Né le 6 décembre 1813 à Béziers (Hérault); s'est retiré à Paris.

Potiron de Boisfleury, *César-Joseph-Pierre-Marie*. — Est colonel du 125e régiment d'infanterie de ligne.

Pruvost, *Jean-Baptiste-Louis-Toussaint*. — Né le 15 juillet 1818 à Nordansque (Pas-de-Calais), tué à l'ennemi le 7 juin 1855.

Rafélis de Saint-Sauveur, *Jules-Marie-Charles de*. — Né le 31 décembre 1841 à Paris. Blessé à Reichshoffen, emporté par ses soldats, abandonné par eux, *sur son ordre*, et recueilli le surlendemain par les Allemands. Mort à l'ambulance de Reichshoffen le 1er septembre 1870.

Renault, *Pierre-Hippolyte-Publius, baron*. — Né en 1807 à La Valette, île de Malte, de parents français. Général de division en 1851, mort le 6 décembre 1870, des suites de blessures reçues le 30 novembre au combat de Villiers-sous-Paris. En Afrique, on l'avait surnommé Renault l'arrière-garde, à cause de sa promptitude à protéger les convois de blessés.

Robert-Houdin, *Joseph-Prosper-Eugène*. — Né en 1837 à Paris, mort à l'ambulance de Reichshoffen le 7 août 1870.

Saint-Arnaud, *Armand-Jacques Leroy de*. — Né à Paris en 1798, maréchal de France en 1852, ministre de la guerre; mort le 29 septembre 1854, en mer Noire, à bord du *Berthollet*.

Saint-Upéry, *Raymond*, est capitaine trésorier au 1er régiment de zouaves.

Saurin, *Alexis-Denis.* — Né le 3 octobre 1813 à Toulon (Var). Entré au service en 1830, général de brigade en 1858 ; retraité.

Savière, *Michel-Jules.* — Né le 7 décembre 1832 à Carpentras (Vaucluse), retraité en 1880, comme capitaine au 31e régiment d'infanterie de ligne. Décédé à Beauvais, où il s'était marié et retiré le 9 avril 1882.

Seupel, *Théodore,* est lieutenant-colonel au 78e régiment d'infanterie territorial.

Quatrehommes, *Louis-Alexandre-Désiré.* — Né à Orléans en 1805, servit aux zouaves de 1831 à 1838 ; il fut congédié comme sergent le 21 septembre 1838.

Tarbouriech, *Pierre-Nazaire.* — Né à Moulins (Allier) en 1808, mort le 23 septembre 1854, à bord de la *Gorgone.*

Tourre, *Jean-François Régis-Scipion.* — Né le 10 juillet 1825 à Ruoms (Ardèche).

Tramond, *Jouannes.* — Né le 10 février 1838 à Corrèze (Corrèze), tué au Mexique, le 21 septembre 1864.

Vergé, *Charles-Nicolas.* — Né en 1809 à Toul (Meurthe), entré au service en 1831, général de division en 1861.

Vinoy, *Joseph.* — Né en 1800 à Saint-Étienne de Saint-Geoire (Isère), général de division, grand chancelier de la Légion d'honneur, décédé à Paris en 1880. A commandé et dirigé en 1870 la célèbre retraite d'un corps d'armée de Mézières sur Paris.

TABLE ALPHABÉTIQUE

DES NOMS ET DES MATIÈRES

Pages des Figures	Pages du Texte	Pages des Figures	Pages du Texte
Abattoir (l')	71	Affroun (l')	27
Abdallah	48	Africains	82
Abd-el-Kader	25, 26, 27	Afrique	80, 127, 204, 246
	35, 36, 38, 41	Aïn Armat	233
Achmet-Bey	18	Alcucingo	164, 167
88 Adieu (l')	88	Alger	6, 44, 73, 230, 241
Afenson	132, 239	Algérie	74, 131, 137, 208
108 Affiche du théâtre des			231, 245
zouaves	108	Allard	182

1 Les Chiffres qui précèdent les Noms ou les Matières indiquent les Pages où se trouvent les Vignettes. — Les Numéros qui les suivent, désignent les Pages du Texte.

	Pages des Figures		Pages du Texte		Pages des Figures		Pages du Texte
	Allemagne		241		236	Au désert	236
	Alliés		89			Aumale (duc d')	41
	Alma	36, 71, 75, 80, 81			209	Aurelle de Paladines	51
		82, 83, 90, 103, 138				52, 209, 211, 247, 250	
	Alpes (les)		137			Aurès (monts) 27, 242, 247	
	Alpy		114, 247			Autemarre d'Ervillé	36
	Alsace		208			40, 138, 139, 248	
	Aman	45, 51, 132, 232				Autrichiens 142, 147, 148	
	Anahuac		168			150, 151, 157, 158	
	Anglais 82, 85, 86, 90, 91					Auxon	212
	Anglaises pour rire		110			Avêque	172
	Angleterre		86			Avignon	208
	Antibes		208				
	Arabes		66, 72			Babillotte	122
	Arcole		159, 161		132	Babors (monts) 57, 58, 132	
	Ardennes		208			Bacot	204
	Armée anglaise		90			Baguerolles	197
	— d'Afrique	52, 54				Baillet	201
		55, 190				Balon	189, 201, 202
	— des Ardennes 199, 200					Baraguey-d'Hilliers	138
	— de l'Est	206, 219				146, 155, 156	
		223, 224				Bardol	193, 248
	— d'Italie	140, 152				Barrachin	241
		159, 161, 226				Barral (de)	29, 248
	— de la Loire		206			Barthélemy	136
		211, 216				Bataillons de chasseurs à pied	101
	— d'Orient		97				
	— de Paris		227			Bataillon provisoire de zouaves	231
	— du Rhin	190, 200					
	— des Vosges		212			Batna	233
	Armées prusso-allemandes		200			Batteries blanches	113
						Bavarois 190, 191, 201, 202	
	Arteaga		183			Bazaine 137, 146, 169, 175	
	Arthenay		206, 211			Bazeilles 189, 201, 202, 203	
21	Assaut de Constantine		21			Beaucé	49, 53, 165, 201
53	Assaut de Laghouat		53		213	Beaune-la-Rolande	206
115, 116, 125	Assaut de Malakoff	116, 117, 125				211, 212, 213, 214	
13	Assaut de Mouzaïa		13			Beauprêtre	48, 248
	Atlisco		173			Bédarrides	248
						Bedeau	40, 248

TABLE ALPHABÉTIQUE

Pages des Figures		Pages du Texte
	Behic	203, 248
	Béjà	245
	Belbeck (la)	82
88	Bellangé	29, 33, 85, 88, 149, 220, 237
	Bellefonds (de)	141, 249
	Bellegarde	212
	Bellone	113
	Ben Béchir	244
	Beni Alibi	51
	Beni Améran	25, 51
	Beni Mellikeuch	45
	Beni Raten	132, 236
	Beni Saloum	51
	Ben Métir	245
	Ben Salem	56
61	Berne Bellecour	61
	Berriozabal	168
	Berthemet	197, 249
	Berthezéne	10
	Bertrand	196, 249
	Besançon	223
	Bessière	57
	Bians	219
	Bigot	10
	Billot	225
	Blaise	29, 130, 249
	Blanc	35
	Blidah	32, 36, 44, 55, 241
	Boisfleury (de)	219, 220, 223
	Boisson	212, 215, 249
	Bonaparte	40, 140, 226
	Bône	10, 36
	Borgo Satallo	145
	Bosquet	51, 57, 71, 76, 86, 89
	Bou Araoua	13
	Bou Checchia	12
	Bouffarick	44
	Bou Maza	48

Pages des Figures		Pages du Texte
133	Bou Medine	133
	Bou Mezrag	233
77	Bourbaki	8, 52, 55, 77, 136, 219, 249
	Bourges	210
26	Bou Zian	46, 48
	Brave comme zouave	16
	Brincourt	155, 159
	Brissaud	182, 249
	Bro	13
	Brudesbach	195
	Bugeaud	17, 36, 38, 39, 44
	Bulgares	74
	Buzy	223
	Cajard	243
	Calotte chachia ou checchia	63
	Cambriels	212
	Camou	51
	Camp de la soif	81
	Candelaria	180
79	Canrobert	8, 44, 47, 71, 72, 77, 78, 82, 90, 92, 97, 101, 249, 250
67	Caporal de zouaves en grande tenue	67
	Capoue	246
	Carteret-Trécourt	242
	Casa Marina	156
85	Casemate russe	85
	Casquette du Père Bugeaud	25, 39, 44, 80
	Castagny	142, 169, 174
	Castiglione	155, 159
20	Cavaignac	8, 18, 20, 31, 36, 42, 72, 249, 250
	Cavriana	156
	Ceinture des zouaves	62
	Cérez	232, 235

Pages des Figures	Pages du Texte	Pages des Figures	Pages du Texte
Cerro de Majoma	182	Combattants de Juillet	8
Chabron (de)	138, 139, 249	Comonfort	173, 174, 175
Chacal (surnom de)	25, 38, 76, 89, 98, 158	Constant	122
Chachia ou Checchia	60	Constantin (Grand-Duc)	44
Chagey	206	Constantine	18, 22, 23, 24, 25, 55, 168, 230, 233, 241, 242, 243, 245
Châlons	189, 197, 198, 199		
Chambre à deux lits (la)	110		
Chanoine	129	Constantinople	73
43 Chanzy	25, 43, 44, 249	Corps	191
Charette	215, 216	Costume des zouaves	59
Charles X	9	Coulmiers	211
Chasseloup Laubat	249	Courcy (de)	245
Chasseurs d'Afrique	40, 41	112 Courtine de Malakoff	112
		Courtois	24, 250
Châtillon	226	Crémone	161
Chef de tribu	64, 69	Crimée	58, 74, 81, 84, 86, 98, 119, 124, 127, 129, 146, 203, 204
Cherchell	26, 239		
Chevalier	121	105, 106, 109, 110 Croquis pour les tableaux de Malakoff	105, 106, 109, 110
Chic zouave	66		
Chiffa	27		
Chiffa (route de la)	42	Crouzat	212, 214
Chiron	171	149 Culbute (la)	149
Choléra	46, 74	Cumbres (les)	164
Cirta	18	Cuny	16
73, 153 Clairon de zouave	73, 153		
Claris	65, 67, 73, 172		
Clauzel	7, 10, 35	Dames de Gênes	137
141 Cler	8, 56, 57, 73, 78, 80, 81, 94, 97, 119, 138, 141, 250	Damrémont	19, 23
		Dappes (vallée des)	224
Clinchamp	180, 183	Darbois	113, 114, 251
Clisson (château de)	23	Daumas	39
Cloux	241, 250	Daurière	143, 146, 251
Coculo	180	Débrouillards (les)	104
Col de Mouzaïa	16	Défense nationale	209
Coléah	204	193 — du drapeau	193
Collineau	103, 117, 120, 129, 250	Degardarens de Boisse	19, 24, 36, 251

TABLE ALPHABÉTIQUE

Pages des Figures		Pages du Texte
	Dégobert	146
	Délégation du gouvernement	209
	Deligny	131
	Dely Ibrahim	11
	Demi-brigades (39ᵉ et 45ᵉ)	226
	Desaix	142
	Deshorties	194
	Desvoisins	20
	Detaille	153, 217
	Détrie	241, 250
177	Diligence (attaque de la)	177
	Distribution des drapeaux	243
	Djaboul	129
	Djebbel Djurjura	236
	Djebbel ouled Azis	42
	Djurjurah	7, 45, 127, 130, 133, 231, 235
	Dobrutscha	71
	Dodille	38, 251
	Douay	169
	Dra el Mizan	128, 229, 235
	Drapeau de laine	242
	— des zouaves	32, 35
	— du 1ᵉʳ régiment de zouaves	189, 204
	Drapeau du 2ᵉ régiment de zouaves	137, 146
	Drapeaux nouveaux	243
	Ducrot	203
	Durand	171
	Durango	163, 183
	Duvivier	9, 135, 251
	Éclaireurs	71
	— volontaires	92

Pages des Figures		Pages du Texte
	Écossais	91
	Empereur (fort de l')	6
	Enfants de Paris	9, 52
	— perdus	32
	Escoubès (d')	68, 84
	Escourrous	171, 251
144	Espinasse	43, 137, 138, 142, 144, 145, 251
	Espinossa	187
	Espionne de l'Italie	155
	Estanzuela	163, 181, 182, 185
	Expédition de Crimée	114
	Extrême Orient	245
129	Fantasia	129
	Faucille (col de la)	224
	Fausse poche	62
	Fleury	78
	Forbach	109
	Fort Napoléon	127, 133, 134, 235
	Fort National	133, 229, 235
	Fourcade	251
	Fourcaud	235
	François Iᵉʳ	147
	Francs-tireurs	71, 92
	Frankel	220
	Frélaut	184
	Frémy	36, 251
	Frey	169
	Furia francese	90, 143
	Galeries de Versailles	96
172	Galland	172, 173
	Gand	243
	Garde impériale	98, 244
	Garde mobile des Deux-Sèvres	214

Pages des Figures	Pages du Texte	Pages des Figures	Pages du Texte
	Garde mobile du Haut-Rhin	214	Hanoteau	219, 252
	Garde nationale	230	Harcourt (d')	31
	Garde nationale mobile	214	Henri IV	140
			Henry	175, 197, 252
	Garenne (La)	201	Herbillon	46
	Garnier	42	Héricourt	223
	Gauthrin	29, 251	Hervé	203, 204, 243
	Gautrelet	170, 196, 252	Heure à Dieu (l')	246
	Géants (bataille des)	147	Horace Vernet	16, 24
	Gênes	146, 160	Hussein Dey	7
	Germanicus	80		
	Geslaud	80	Ibrion	93
	Gex (pays de)	224	Icheriden	127, 134, 136, 239
	Gilet des zouaves	60	Ighil Guifri	127, 132, 235
	Gillant	201, 252	Illy (calvaire d')	201
	Giovanelli	29	Imaïseren	132
	Givonne	201	Incomparable (l')	137, 139
	Glossaire	247	Indes	86
	Gœdorp	182	Infanter. autrichienne (9e régiment d')	142
	Gœpp	190, 252	Infanterie de ligne (33e et 34e régim.)	146
	Goum	48		
	Grecs	74	71	Inkerman	71, 90, 103, 138
	Grenadier de l'Empire	64	— (théâtre d')	106, 113
	Grenadiers russes	91	Inscriptions des drapeaux	243, 245
	Grenoble	224	Invalides (dôme des)	184
	Gringalet	109	Irlande	123, 252
	Guadalupe	167	Isly	25, 39
	Guérillas	163, 176	Italie	137, 160, 203, 204, 226
	Guerre d'Afrique	70		
	Guerre de taupes	84	Jacquet	193, 252
176	Guerriers mexicains	176	Jannin	94, 98, 123
	Guetchoulas	128	Japy	182, 183
	Guêtre des zouaves	62	Jijilpam	163, 185
	Guignard	140	*Journal humouristique*	82
	Gunstett	191	Jura	224, 237
	Hacienda de Custodia	187		
	Hadjoutes	13	Kabyles	17, 44, 45, 47, 48 58, 66, 72, 127, 130, 133 234, 235
	Haguenau	191		
237	Halte!	237		

Pages des Figures	Pages du Texte	Pages des Figures	Pages du Texte
	Kabyles-Kroumirs . . 244	216	Loigny 215, 216
	Kabylie . . 127, 239, 244		Loire 212
	— (Grande). 131, 136, 229, 235		Lombardie. 159
	— orientale. . . . 57		Lorencez (de). 47, 164, 168, 169
	— (Petite) 57		Los Reyes. 186
	Kairouan 245		Lourmel (de). 8, 47, 253
	Kara Mustapha . . . 31		
	Kératry (loi). 208		Mackensie. 81
	Kromis 42	123	Mac-Mahon. 57, 120, 123, 136, 138, 142, 144, 146, 190, 191, 199, 201, 203, 253
233	Ksar si Kadour el Abiod 233		
			Ma Femme et mon Parapluie 110
	Ladmirault. 8, 29, 44, 252		Magenta. 137, 140, 141, 142, 145, 146, 147, 244
	Ladon. 212		
	La Garenne. 203		Mahalet Ramdam . . 129
	Laghouat. 25, 53, 56, 244		Maison aux volets verts. 145
	Lallemand. 235		
	La Mecque 62		Maison des zouaves. 71, 89
12	Lamoricière. 8, 10, 12, 23, 24, 28, 31, 72, 252		Maître d'école 189
			Malakoff (tour). 94, 103, 113, 120, 121, 122, 123, 124, 138, 203, 204
	Lancastre 113		
	Landenwech. 129		
	Larrouy d'Orion. 42, 252		Malmaison (la). . . . 227
	Lartigue. 193		Mamelucks. 40
	La Tour du Pin. . . 58	96	Mamelon-Vert. 71, 96, 101, 113
	Lauër. 121		
	Lavarande (de). 45, 94, 101		Mangin 178
	Lefebvre. 252		Mansourah 18
28	Leflô (général). 8, 19, 28, 29, 31, 253		Mantoue. 165
			Marche rapide 42
	Leflô (A. J. A.). . . . 253		Marengo. . . 92, 142, 159
	Le Gall 93		Marie 194, 253
	Lembro. 151		Marignan . 137, 147, 148
	Levaillant. 8, 23, 24, 253		Marin 196
	Lhériller. 169		Marion 253
	Lhuillier 99		Marseille. 160
	Lihaut . . . 120, 253	181	Martin (colonel). 163, 181, 253
	Lodi. 159, 161		
	Loi du 13 mars 1875. 241, 242		

Pages des Figures		Pages du Texte
Mascureau		193, 254
Maumet		9, 254
Maximilien		183
Mazagran		128
Méchouar (le)		18
Médéah		10, 29, 31
Melegnano		147, 148, 151, 243
Mellinet		138
Menouvrier-Defresne		56
Mentschikoff		75
240 Menuah		240
Méric		241
Metaoua		229, 233, 235
Metz		200, 224
Mexicains		168, 173, 174, 175, 184
163 Mexico		163, 176, 186
Mexique		163, 167, 169, 176, 178, 184, 196, 204
Michelon		172, 254
Milan		147, 161
Milianah		29, 31, 35
Mincio		155, 160
Mokrani		230, 233
Mollière		8, 254
Mondovi		159
Montauban		199
Montbéliard		223
Montebello		146, 147
Montretout		206, 227
Montpellier		209
Morand (comte)		56, 254
Morand		156
Morlaës		202
Moscowa		157, 211
Moulin (théâtre du)		106
Mouton		98
33 Mouzaïa		10, 23, 29, 32, 33
Napoléon		91, 169, 211

Pages des Figures		Pages du Texte
— (prince)		138, 159
Narah		51
Neuwiller		190
Niederwald		191
Niel		156
Novi		239
Numides		131, 235
Oajaca		185
65 Officier (tenue actuelle d')		65
Ognon (l')		219
Oran		55, 73, 241
Organisation de 1852		55
— en régiment		25
Orient		71
Orizaba		164, 168
Orléans (duc d')		32
Ortéga		163, 174, 181, 182
Osten Sacken		97
71 Otémar (Ed. d')		71
Oued Daman		42
Ouarez Eddin		37
Oued Sahel		44, 48, 232
Oued Souf		229, 233
Oujera (les)		31
Ouvrages Blancs		101
Ouzaneau		31
Ozenfant		121, 204, 254
Palestro		137, 138, 139, 147, 230, 239, 244
Pantalon des zouaves		60
Paris		124, 160, 199, 203, 209
Pariset		193, 254
Parisiens		124
Parson		197, 254
Paulze d'Ivoy		137, 147, 150, 151, 254

TABLE ALPHABÉTIQUE

	Pages des Figures	Pages du Texte
	Pavie	160
	Payan	184, 254
	Pélissier	56, 113, 120, 254
	Permission de dix heures	110
	Pesme	219
	Peyraguay	42, 254
	Piallat	52
	Piaux	135, 254
	Pie IX	215
	Piémont	137
	Piémontais	138, 139
	Pierron	182, 254
	Piton Blanc	109
	Plaisance	159
	Poêle à Frire	58
99	Polhès (de)	99, 101, 254
	Pont de Magenta	140
	Porfirio Diaz	185
	Potrerillos (Rio)	185
	Premier drapeau des zouaves	25
	Prise de Malakoff	120
96	Protais	96
	Prusse	189
	Prussiens	191, 193, 194, 212, 214, 219, 220, 223
	Prusso-Bavarois	203
	Pruvost	101, 254
	Puebla	163, 167, 168, 170, 171, 172, 175, 176, 186, 243, 244
	Pueblista	186
	Pyramides	40
	Quadre	171
	Quadrilatère autrichien	159
	Quatrehommes	24, 256

	Pages des Figures	Pages du Texte
	Rafélis de Saint-Sauveur	255
	Randon	36
	Rapatel	16
	Ravier	191
	Ravin de l'Abattoir	92
	Régiment de zouaves	25, 35, 55, 63
	Régiment (premier) de zouaves	55, 77, 78, 89, 90, 92, 94, 98, 119, 137, 138, 146, 150, 155, 157, 159, 160, 169, 171, 190, 195, 201, 202, 204, 240, 241, 242
	Régiment (deuxième) de zouaves	55, 72, 76, 78, 80, 90, 102, 103, 105, 113, 114, 119, 129, 132, 134, 136, 137, 138, 145, 155, 157, 158, 159, 160, 164, 169, 189, 196, 199, 241, 242
	Régiment (troisième) de zouaves	55, 71, 90, 97, 98, 102, 103, 114, 119, 121, 123, 137, 138, 139, 140, 159, 169, 175, 180, 185, 191, 192, 196, 198, 201, 241, 242
	Régiment (quatrième) de zouaves	206, 225, 231, 237
	Régiment de zouaves de la garde impériale	63, 98, 103, 113, 119, 123, 124, 137, 138, 140, 141, 160, 208, 225
	Régiment de marche de zouaves	208, 210

Pages des Figures	Pages du Texte	Pages des Figures	Pages du Texte
	Régiment de marche de zouaves (premier) 208, 223		Rousseau 155
			Rozier de Linage . . 35
			Ruñer 44
	Régiment de marche de zouaves (deuxième). 208, 211, 223		Russes . 77, 89, 91, 92, 94, 97, 98, 104, 110, 113, 114, 121, 122, 157
	Régiment de marche de zouaves (troisième). 208, 211, 212, 215, 219, 223		Sahara 68
		75	Saint-Arnaud . 36, 37, 51, 71, 75, 76, 79, 80, 184, 198, 255
	Régiment de marche de zouaves (quatrième). 208, 210, 219, 224		Saint-Upéry.. 191, 255
			Saltimbanques.... 110
	Régiment de zouaves (intérieur d'un) . . 68		Sameurs 45
			San Lorenzo...... 163
	Régiment d'infanterie de ligne (50e).... 56		Santa Anna...... 163
			Santa Inès....... 173
	Régiment d'infanterie de ligne (53e).... 37		Santiago 178
			San Juan de Llano . 178
	Réguliers d'Abd-el-Kader 26		San Lorenzo.. 175, 244
		165	San Xavier. 163, 165, 170, 173
	Reichshoffen. 189, 190, 195, 202, 206		Saragosse 168
17	Renault . 17, 29, 130, 255		Sardaigne (roi de) . . 140
	Réorganisation après la guerre 241		Saurin 113, 255
			Saverne 197, 198
	Réserve inébranlable. 103		Savières . . 143, 166, 255
	Résident français . . 245		Sébastopol. 75, 80, 81, 82, 83, 89, 97, 103, 120, 122, 124, 130, 168, 171, 243, 244,
	Revue du Grand-Duc —		
	Ritter..... 210, 219		
	Rittza Boroza 139		Sedan. 189, 201, 202, 203, 206, 208, 224
	Rivoli........ 159		
	Robert-Houdin ... 255		Sedan (capitulation de) 203, 204
	Rocroy 203		
	Roi d'Italie 140	16	Sergent - major de zouaves en tenue de campagne 16
	Rojas 185		
	Romains 235		
	Rome........ 215		Seupel ... 190, 255
	Romero 178		Seybouse 18
	Rouges d'Abd-el-Kader 26		Sidi Labchi 16
			Signy-le-Grand ... 203

	Pages des Figures	Pages du Texte		Pages des Figures	Pages du Texte
Simon		201	Tours		209, 212
Sirosto		178	— (gouvernement de)		212
Soledad (la)		164	Tramond		182, 256
Solferino		137, 155, 156, 157, 203	Trappe de Staouëli	8	8
Sonis (de)		215, 216	Traktir		103, 114, 119
Souk el Arba		133	Trécourt		172
Soulier des zouaves		62	Tribu		59, 64, 69
Sud algérien		208	Tunis		245
Suisses		147, 223	Tunisie		229, 244, 245
Schleinke		186	Turban des zouaves		60
Smalah (la)		25, 41	Turcos		234
Staouëli		6, 8	Turcs		74, 86
Stern		175	Turquie		73
Swiney		243	Tyroliens		145
			Types de zouaves	225	225
Takouëcht		57	Ugalde		180
Tarbouriech		55, 76, 90, 256	Urraga		178
Tchernaïa		119	Valée		23
Télégraphe		71, 79	Valle San Jago		186
Tempête du 14 novembre		94	Varna		74
Téniah de Mouzaïa	33	25, 27	Vera Cruz		164
Tenue actuelle d'officier	65	65	Vergé		8, 256
Tenue de campagne	200	200	Veste des zouaves		60
Tessière		171	Victoire du *Cinq pour cent*		25, 52
Tête de fer-blanc		120	Victor-Emmanuel		137, 139, 140
Thalie		113	*Vieux loups de mer*		110
Théâtre de la guerre		106	Vignan		135
— des zouaves		103	Villersexel		219
— du moulin		106	Vinoy		55, 256
Thornton		212	Volontaires de l'Ouest		215
Tirailleurs algériens		101			
Tixier		138	Waterloo		92, 168
Tlemcen		18, 36, 133	Werder		219, 220, 223
Torcy		219	Wimpffen		203
Toscane		159	Wissembourg		191
Tourre		163, 180, 184, 186, 256	Wœrth		195

Pages des Figures	Pages du Texte	Pages des Figures	Pages du Texte
165	Xavier (Fort de San). 165	93	Zouaves canonniers. 93
	Xocapoaxtla 178		— de Châtillon. . 226
			— de la garde. 63, 98
	Yusuf. 129, 130		103, 113, 119, 208, 225
	Yvon 105, 106, 109, 110, 112		Zouaves de marche. 208
			210, 225, 228
48	Zaatcha 25, 46, 49	152	— en marche. . . 152
	Zouaoua. . . 7, 127, 130	217	Zouave pontifical . . 217
221	Zouave au repos . . 221		Zouaves pontificaux. 215
	Zouaves (3ᵉ bataillon) 18		217
200	— en tenue de campagne 200		Zurich 239

FIN DE LA TABLE

.ingramcontent.com/pod-product-compliance
ing Source LLC
rsburg PA
50324170426
B00009BA/1444